心理カウンセラー弁護士が教える

弁護士 保坂康介

気弱さん・口下手さんの交渉術

日本実業出版社

はじめに

はじめまして。心理カウンセラー弁護士の保坂康介です。

この本を手に取られたあなたはおそらく、「自分は気が弱い」「自分は口下手かも」と自覚されている方ではないでしょうか。

タイトルが『気弱さん・口下手さんの交渉術』ですから、当然といえば当然ですね。

さて、本書を手に取っていただき、本当にありがとうございます。

世の中には交渉術に関する良書が多く出版されていますし、オンライン上でも交渉術に関する良質のネット記事が多数配信されています。

でも、それらの内容はとてもレベルが高く、高度な切り返しが必要であるなど、日ごろ私達がよく直面する交渉で実践するのは難しかったりするかもしれません。

加えて、自分の意見や希望を伝えるのが苦手ないわゆる「気弱さん」や「口下手さん」は、話す技術を中心とした交渉術を身につけようとしても気弱・口下手であるがゆえになかなか実践に踏み切れなかったり、そもそも自身の気質・性格と合っていないため「自分らしさ」を発揮できないまま、交渉で消化不良を起こしてしまいがちなのでは？

でも、安心してください。気弱であること、口下手であることは決して交渉で不利にはなりません。むしろ、「気弱であること」「口下手であること」は、交渉をうまくまとめるための大事な要素ととらえることが可能です。

皆さんの周りにもいませんか？「気が弱そう」あるいは「話すのが決して上手じゃない」のだけど、交渉事ではうまくいっている人が。

そうです。交渉を成功に導くためには、①交渉相手を説得するのではなく「交渉相手の話を聴く」ことと、②「自分の内面を整える」ことができれば、ほぼ大丈夫なのです。

僕も肩書こそ弁護士ですが、気が強いわけでもなく、口下手な性格です。当初はそれで弁護士としての自分に自信を持てずにいた時期がありました。でも、「聴く」と「自分を整える」ことで交渉に対する苦手意識はすっかりなくなりました。

本書は、過去の僕のように、気弱な自分、口下手な自分に自信を見出せず、交渉にもコミュニケーションにも苦手意識を持っている方向けに、「聴く」と「整える」を中心に交渉を成功に導くためのエッセンスをお伝えするものです。

さあ、気弱なあなたのままで、口下手なあなたのままで、交渉の達人になってください。

2023年12月

保坂康介

心理カウンセラー弁護士が教える　気弱さん・口下手さんの交渉術◎目次

第2章 自分の願望について「準備」しておくことが超大事

第3章 相手の気持ちに寄り添い意見を受け入れてもらえる「聴き方」

第4章 勝っているとも負けているとも感じさせない話し方・伝え方

第5章 ここが大事！ 相手に花を持たせるクロージング

第6章 つねに「丸くおさめる」ために取り入れたい心の習慣

カバーデザイン／吉村朋子
カバー・本文イラスト／高田真弓
本文DTP／一企画
企画協力／ネクストサービス株式会社　松尾昭仁

第1章

すべての交渉で大事なのは「負ける」技術

1 気弱さん・口下手さんこそ交渉でうまくいく

皆さんは、「交渉のうまい人」といったとき、どのような人をイメージしますか？

プレゼン能力に長けている人でしょうか？　のべつ幕なしに話し続けることができるスピーチに自信がある人でしょうか？

あるいは、相手が「イエス」と言わざるを得ないような、話力や論理力のある人を交渉のうまい人だとイメージする方もいるかもしれません。確かに、「交渉」という言葉の持つイメージからは、そのように考えてしまうのも仕方のないことかもしれません。

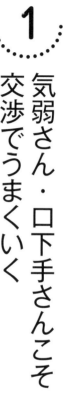

では、自分の意見や希望を積極的に伝えることが苦手な、気弱さんや口下手さんは、交渉で良い結果を出すことはできないのでしょうか？

口がうまい人というのは、相手の意見を聞く前に自分の考えを伝えて答えをもらおうとしがちです。話し手が一方的に話すことが想定されるプレゼンテーションの場などであれば問題ないと思いますが、「交渉」は話し手と聴き手のコミュニケーションです。

コミュニケーションの場では、自分の意見や考えを相手に伝えるだけの話し方をすると、相手から「自分の立場や考えに寄り添ってくれない人」とか「自分のことを脅かす人」と思われることもありますよね。それでは相手と信頼関係を築くことは難しくなってしまいます。

交渉もコミュニケーションである以上、交渉相手のことを「敵」ではなく「仲間」、もっと言えば「自分自身」と同じように考えて話をすべきです。そうすれば相手と信頼関係を築くことができ、スムーズに話もまとまっていくのです。

そう、**じつは交渉で大事なのは話す力だけではなく「聴く力」と「伝え方」なのです。**

この章のタイトルにある「負ける技術」というのは、相手に気持ちよく話をしてもらうために「聴いてあげる技術」や「相手に話してもらう技術」と言い換えることもできます。

話し手の多くは、自分の考えていることや想い、気持ちを聴き手に理解してもらいたいという欲求を持っています。そこで、質問をしたり、適切なタイミングで相づちを打つなど、聴き役に徹して相手に話をしてもらうことで承認欲求を満たしてあげると、相手は満足感を覚えるようになります。

満足感が得られた相手はあなたに対してポジティブな感情を持ち、信頼感を寄せてきます。信頼関係を築くことで相手はあなたの言葉にも耳を傾けるようになりますし、あなたの希望する条件などにも理解を示すようになるのです。

このように、一見すると「受け身」のようにも見える姿勢は、交渉をスムーズに進めるためにじつはとても大事なことだったりするのです。

また、質問を重ねて相手の感情や考えを深掘りしていくと、相手も気づいていなかった本音がポロっと口をついて出ることがあります。それは本人も意識していなかったものであり、あなたの質問に対して話したことで考えが整理されたからこそ出てきたものです。

自分でも気づいていなかった本音を知ることは、相手の自己理解を助け、それを口に出しただけですっきりして満足することもあるのです。そして、「自分の思っていたものは、じつはこれだったんだ」と気づくと、当初あなたに出していた希望や要求に固執しなくなることもあります。

最初に示してきた希望や要求が、あなたにとって到底受け入れられないものだったとしても、本音から生まれる要求はそうではなく、違うものかもしれません。

相手の本音・希望を聴き出し、その中で自分の譲歩できる部分があれば一部でも先に認めてあげる。そうすると「返報性の原理」が働き、相手もあなたの希望・要求を受け入れやすい状態になります。返報性の原理とは、人から何かをもらったり、してもらったりすると、お返しをしなければ、と思う人間の心理です（35ページコラム参照）。

じつはこのような交渉は、気弱さん・口下手さんだからこそできる交渉術だったりするのです。

僕は弁護士であることから、「口がうまい人」と思われがちです。でも、じつはとても口下手ですし、気が強いわけでもありません（笑）。

とくに弁護士になりたての頃は、雄弁に語れなくては弁護士として信用してもらえないと思い込んでいました。

ですから、相手との交渉はもちろん、依頼

聴く技術を磨こう

者とのやり取りすら嫌でした。でも、心理学スクールでの学びや、信頼する人から薦められた本との出会いが、僕のその思い込みを取り払ってくれました。

うまく話せるようになる技術よりも、うまく聴けるようになる技術を磨くことが交渉をまとめるためには有効だと気づいたのです。

相手に主導権を握らせているように見えて、じつはこちらが主導権を握っている。じつは自分のペースで交渉を進めることができていたのです。

気が強くなくても、話が上手でなくても、交渉はうまくいくんだということが腑に落ち、これまでに膨大な数の交渉をまとめることができるようになりました。

もう、交渉に対する苦手意識はまったくありません。

本書では、人とのコミュニケーションで強気になれなかったり、口下手で交渉に苦手意識を持っている方向けに、交渉の場で使えるスキルや考え方、ひいては生活習慣にいたるまで、僕が試してきてとても効果のあったことを余すことなくお伝えしていきたいと思います。

ここがポイント

話を「聴く」だけでうまくいく

2 気弱さん・口下手さんは話すことにネガティブな思い込みがある

気弱な人や口下手な人は、もともと対人のコミュニケーションに苦手意識を持っている方が多いのではないでしょうか？

1対1のコミュニケーションが苦手だったり、あるいはたくさんの人の前で話すことが苦手だったり…。コミュニケーションに苦手意識を持っていると、交渉に対しても苦手意識を持ち、結果として満足のいかない結果になってしまいがちです。

なぜ、そんなことになるのでしょうか。

それは、気弱な人や口下手な人の多くが、話すことに対してある種の劣等感を持っているからではないかと思います。例えば、

- 自分は他の人よりもスムーズにうまく話せない
- 自分の考えを伝えても相手にしてくれない気がする
- 自分の考えや意見が失礼なものだったらどうしよう、嫌われないだろうか

といった感情が、交渉に対する苦手意識を生んでいることがあります。

こうした劣等感は、主に過去の（とくに幼少期の）苦い体験から生み出されることが多いのです。

一例を紹介すると、

- 親も兄弟も自分の考えや意見を積極的に言うタイプではなかった
- 学校や部活動で自分の意見を言ったら無視されてしまった
- 自分が「こうしてほしい」と言わなくても親が何でもやってくれた　などなど。

過去にこうした体験をしていると、「自分の意見は他人に言うもんじゃない」とか「自分は人に受け入れられない」「自分は意見を言わないほうがいい」といったネガティブな思い込みや信念が根づいてしまいます。

そうすると、交渉などのように自分が話をしなくてはならない場面に直面したときに、過去の体験や思い込みが無意識のうちに想起され、自分の意見を言うことに対して「嫌だ」とか「怖い」といった感情が生まれます。

自分の本当に言いたいこと、伝えたいことを伝え切ることができないまま、望んでいる交渉結果を手に入れられずに終わる…、という事態になるのです。

このようなプロセスは、以下の「認知行動のメカニズム」によるものです。

〈人間の認知行動のメカニズム〉

①出来事　↓　②思い込み・信念　↓　③感情　↓　④思考　↓　⑤行動　↓　⑥結果

認知行動のメカニズムとは、認知行動療法で使われる考え方です。人の認知と感情、行動等を分解して、そこに働きかけることでストレスを減らしたり、気持ちを楽にしたりするために使われます。

これを、気弱さん・口下手さんの交渉の場面に当てはめてみると、例えばこのようなメカニズムになります。あくまで一例ですよ。

① 自分の意見を積極的に言わない両親や兄弟のもとで育ったという「出来事」によって、
↓
② 人とうまく関係を築くためには、自分の意見を積極的に言わないほうがよいという「思い込み・信念」ができあがり、
↓
③ 大人になっていざ交渉の場面になったとき、自分の望みや希望を伝えると嫌われる、受け入れてもらえないかもしれないという「感情」が出ることによって、

■認知行動メカニズム

1 出来事 → 2 思い込み・信念 → 3 感情 → 4 思考 → 5 行動 → 6 結果

④ ← 自分の要望、希望を極力伝えないほうが人間関係を壊さずにすむという「思考」が働き、

⑤ ← 交渉の場で自分の希望は10分の1も言わずに、相手の希望を聞き入れるという「行動」を選択、

⑥ ← 結果として、自分がまったく満足できない交渉「結果」になる

気弱さん・口下手さんにとっては、このように幼少期の体験が大人になってからの交渉の場面にも影響を与えていることがあるのです。

ここがポイント

気弱、口下手は思い込みかも

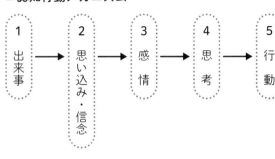

3 気弱さん・口下手さんにまず最初にやってほしいこと

では、気弱さん・口下手さんが交渉で良い結果を得ることはできないのでしょうか？

答えは「ＮＯ」です。

前にも書きましたが、決して気弱・口下手が交渉において不利になるということはありません。むしろ、気弱さん・口下手さんこそが、その特徴をうまく使うことによって、誰よりもうまく交渉をまとめることができ、自らも満足のいく交渉結果を得ることができるのです。

なぜなら、ビジネスでの交渉であれプライベートでの交渉であれ、**交渉においては決して話し上手な人が成功するのではなく、聴き上手な人こそが交渉をうまくまとめることができる**からです（なぜなのかは、第3章で詳しくお伝えします）。

ですから、気弱さん・口下手さんはまず、こう自分に言い聞かせてください。

「気弱でもいい」「気弱で交渉は成功する」

「口下手でもいい」「口下手で交渉は成功する」

このように**気弱であること、口下手であることへの評価を自分の中でガラッと変えること。これがまず気弱さん・口下手さんに最初にやってほしいこと**です。これを徹底してやるだけでも、交渉への苦手意識は一気に薄れます。

そうはいっても、交渉のとき、「俺、口下手だからなー。どうせ交渉もグダグダになるんだろうな」とか、「私、気が弱いし。今日のお得意さんとの商談でも、先方の担当者さんのペースでまとめられちゃうんだろうな。意見言えないしなー」などと思ってしまう方もいるかと思います。

もし、ご自分に過去の体験やそれに基づくネガティブな思い込み、ネガティブな感情があるかもしれないと思ったなら、前項でお伝えした「認知行動メカニズム」を思い出してください。

〈認知行動のメカニズム〉

①出来事　↓　②思い込み・信念　↓　③感情　↓　④思考　↓　⑤行動　↓　⑥結果

①の「出来事」自体は変えることはできませんが、思い込みや信念、感情、思考、行動は変えられる可能性はありますよね。

- 出来事に対する評価が変われば、思い込み・信念は変わってきますよね
- 思い込み・信念が変われば、感情が変わってくると思いませんか
- 感情が変われば、思考は変わってくるでしょう
- 思考が変われば、行動も変わってきますよね
- 行動が変われば、結果が変わります

つまり、過去の出来事に対する評価や思い込みや信念を変えることによって感情や行動が変わってくることがわかります。

前項で紹介した、「自分の意見を積極的に言わない両親・兄弟のもとで育った」という出来事を例にとります。この出来事に対する評価を変えると、どうなるでしょうか。

「両親や兄弟は自分の意見を不必要に相手に押しつけるような人ではなかったからこそ、周りとの人間関係がこじれるようなことがなかった」

といった具合です。

このように過去の出来事を別の角度からとらえなおし、それに対する評価や思い込み・信念を変えるための心理的アプローチを「ゲシュタルト療法」といいます。

このゲシュタルト療法によって、気弱であることや口下手であることへの思い込みや感情が変わっていき、そのうち気弱であることや口下手であることが気にならなくなってきます。

つまりは、気が弱くても、気が強くてもどちらでもよいし、口下手でも口達者でもどちらでもよくなるのです。

じつは、この本を読むこと自体が気弱であること、口下手であることへの評価を覆すゲシュタルト療法の実践になっているともいえます。

まず、気弱だったり口下手だったりすることのネガティブな感情をフラットにして、そこから交渉への苦手意識もなくしていきましょう。

ここがポイント

まず自分への評価を変える

4 交渉では相手を「認めて」、願望を「満たしてあげる」

では、皆さん自身が交渉の当事者になったと想定してみてください。

交渉で成功したいですか？

もちろん、成功したいですよね。当然のことだと思います。少なくとも失敗したいとは思っていないでしょう。

なぜかって。交渉に失敗すると、自分の望んでいることや守りたいと思っていることが実現できなくなりますから。もっと言えば、自分の得たい願望や守りたい願望が相手に認められないことによるネガティブな感情を味わいたくない気持ちもあるのでは？

人は「承認」されたい生き物ですから、交渉でも自分の言い分や望みを相手に認めてもらいたいと思うのです。

「マズローの欲求5段階説」は有名ですので、皆さんもご存じかもしれません。24ページ図のように、下から生理的欲求、安全の欲求、社会的欲求（所属と愛の欲求）、承認欲求、

■ マズローの欲求５段階

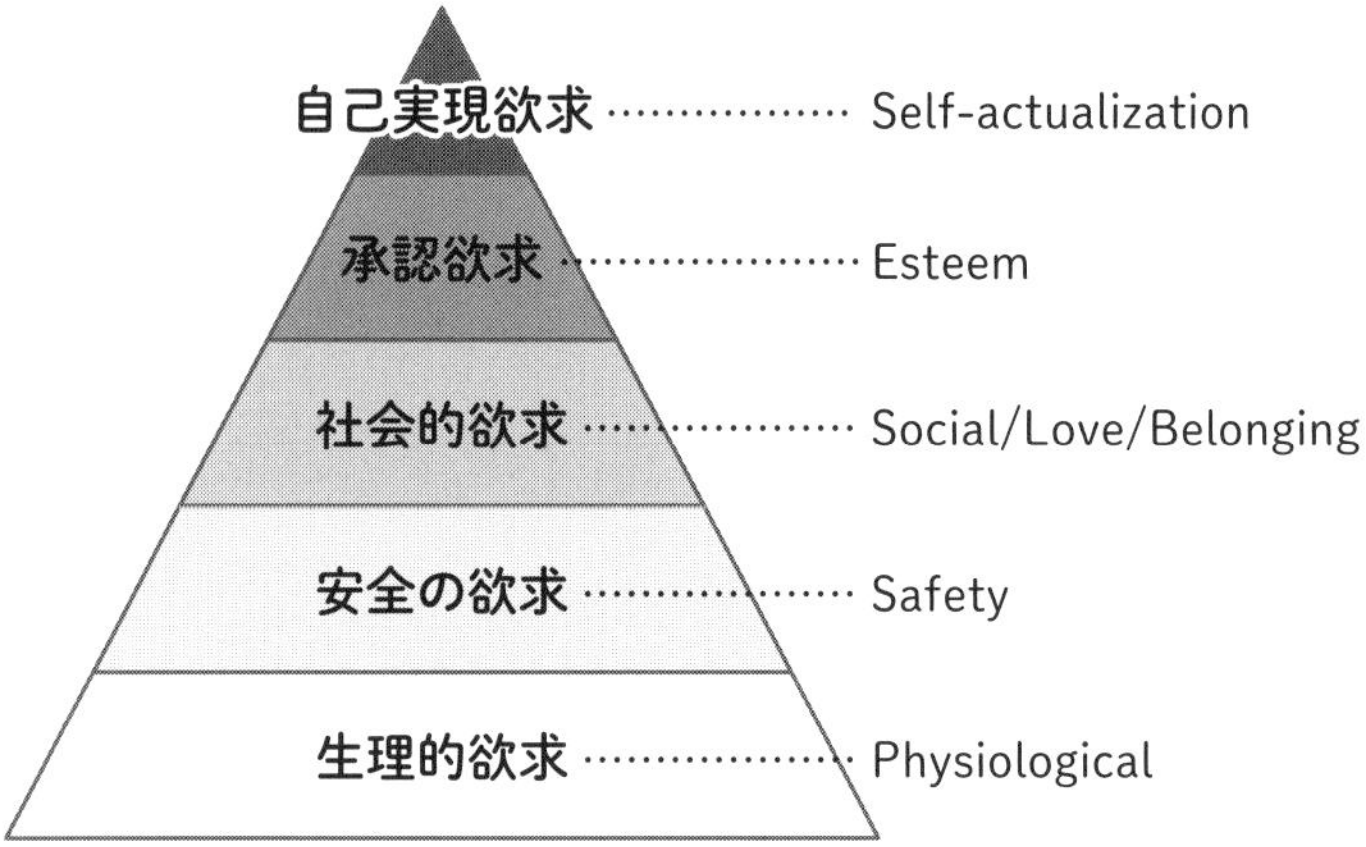

自己実現欲求の5つがあります。

これらの欲求が満たされないと欠乏感を持ってしまいます。だから交渉でその欲求が通らないと嫌ですし、そうならないために交渉に成功したいと思うのでしょう。

だとしたら、それは交渉の相手も同じです。あなたが交渉に成功したいと思っているのなら、相手も同じように成功したいと思っているはずです。

お互いが何の譲歩もせずに、双方の願望や欲求がまるっと通れば何の問題もありません。でも実際にはそんなことは起こりません。

では、お互いの欲求がバッティングしたときにどうすべきか？

そんなとき、自分の欲求を通すことばかり考えて、相手の「自分の欲求についても認めてもらいたい」という願望・気持ちに耳を貸さなかった場合、どうなるでしょう？

相手としては自らの願望や欲求をあなたに否定されているわけです。もしかしたら、自分の欲求はあきらめて、あなたの要求を受け入れてくれる人もいるかもしれません。でも、自分の欲求をまったく無視するような相手と今後も一緒にいようと思ったり、これからもつき合いを続けていこうと思うでしょうか？

おそらく、あなたとの良好な関係の維持は望まないはずです。それは非常にもったいないことだと思いませんか？　人間関係の輪が１つ消えてしまいますから。

ここまで、ちょっとおカタい説明になってしまったかもしれません。

ですが、**相手のことをしっかりと認め、その願望に寄り添い、満たしてあげることを前提に交渉をしていくことが、気弱さん・口下手さんの交渉の基本**です。

それができれば、相手も自分の願望・欲求を満たしてくれたあなたの願望に寄り添い、満たしてくれるような交渉をしてくれるでしょう。

ここがポイント

交渉相手を認めて寄り添う

5 「負ける技術」とは相手に満足してもらう技術

前項で述べた「相手の願望を満たす」って、具体的にどういうことなのでしょうか？どんなことをイメージしますか。相手が出した要求を無条件に受け入れるとか、相手に迎合するといったことでしょうか？

答えはＮＯです。

「相手の願望を満たす」というのは、相手の言いなりになることではありません。

ここでいう「相手の願望を満たす」とは、あなたが自分の伝えたいことや実現させたい希望を口にすることよりも、まず相手に対して理解を示すことです。もっと言うと、相手の要望が何なのか、その要望の裏にある背景に理解を示すことです。

そのためには、相手の話を「聴く」ことが前提になります。

聴き役に徹して相手の話したいように話をさせてあげると、見方によっては、一方的に話をしている相手のほうが主導権を握って優位に立っているように見え、それを聴いている側はぐいぐいと攻め込まれているような印象を与えるかもしれません。
でも、それでよいのです。

交渉を進めるうえで大切なことは、自分を知り、相手を知ること。自分が何を欲していて、相手がどんな人で何を求めているのか。これがわからないまま漠然と交渉をしていてもお互いにとって何のメリットもありません。

相手がどんな人で、どんな考えを持っているのかを知るために、相手に質問をしましょう。相手の話に耳を傾け、相手の本音・本心がどこにあるのかに関心を向けましょう。

こちらの質問に対して相手がレスポンスしてきたら、さらに質問をしたり、共感をしたりします。

あるいは、相手の言っていることを言い換えたりするなどのアクティブリスニング（105ページ）、効果的な沈黙や相づちなどのパッシブリスニング（121ページ）などの聴き方を実践して、相手の本音・本心を探っていきます。

相手への理解を深めるように意識して聴いていくと、相手が話せば話すほど、そしてこちらが相手の話を聴けば聴くほど、相手もこちらのことを信頼して、たくさん話してくれるようになります。

大事なのは、相手にたくさん話をしてもらい、「自分の意見や考えを受け入れてもらっている」と感じてもらうことです。**最初は自分の意見や要望はまったく語らなくてもよい、くらいに思っていて問題ありません。**

聴き方が上手になると、相手は「自分のことをわかってくれようとしている」と感じ、そのことに満足感を得るようになります。

相手の条件を受け入れているわけでもなく、単に話を聴いているだけなのですが、満足してくれるのです。

そして、話を聴いてもらって満足した相手は、聴き手であるこちらに対して口に出さないまでも感謝の気持ちを持つようになり、あなたの言葉にも耳を傾けてくれるようになり

この人は
どんな人
なのかな？
何をして
ほしいの
かな？

自分は話さず相手に話してもらおう

ます。

ですから、「気弱ではいけない」とか「口下手なままでは飲み込まれる」なんて意気込んで、あなたの伝えたいことを唐突に話しはじめたりしないようにしてください（笑）。

無理にそんなことをすると、それは本来のあなたの姿ではないので、相手も違和感を覚えます。すると、交渉もどこかギクシャクしたやり取りになってしまい、もったいない、残念な結果になりかねません。

あなたが何かを強く伝えたいと思っていても、まずは言いたいことを脇に置いて、相手の話をしっかりと聴くようにしてみてください。

「まず、相手を満たすこと」が交渉における成功への近道になるのです。

ここがポイント

自分の要望の話はしない

6 「準備」「対話」「クロージング」を少し変えるだけで交渉は丸くおさまる

ちょっと真面目な説明をさせてください。

交渉の過程は、大きく分けると「準備」「対話」「クロージング」の3つに分けることができます。

この3つのそれぞれの場面で、ほんの少し工夫を加えることで交渉の進め方や結果に大きな違いが出てくるんです。詳しい内容はそれぞれ別の章でお伝えしていきますが、ここではどのような工夫をするのかを簡単に説明していきます。

・準備…自分のことを知っておく

ついおろそかになりがちですが、交渉に臨む前の事前準備、これは超重要です。

ここでの準備は交渉相手の情報を知っておくこと、ではありません。もちろん相手の情報も大事ですが、自分自身に対しての準備をしておくことはもっと大事です。言い換えると、「自分自身が何を欲しているのか」を事前に知っておくことです。

「何だ、そんな当たり前のことか」って思ったかもしれませんね（笑）。

でも、これをしっかりできている人はそれほど多くないはずです。

頭で考えると、「あれが欲しい」とか「いくらで買いたい」「あそこに行ってみたい」「こうしてほしい」というような表面的な願望が出てくるとは思いますが、それがあなたの本当に求めているものかというと、そうとも限らないのです。

ですから、本当にあなたの求めているものが何かを探るために、交渉の前段階として、まずは**「自分が何を求めているのか」をリストアップ**してみましょう。

これは頭に思い浮かべるのではなく、実際に紙に書いてみることを強くお勧めします。

自分の求めている結果や希望を文字に書いてみることで、頭の中を整理することができますし、自分が何を求めているのかをしっかりとキャッチできれば、それが相手にも伝わるからです。

そうすると、相手の要求に対して譲歩するべきか、譲歩できるとしてどこまでできるのかという線引きも明確になるのです。

そのように自分が求めているものを深掘りしていくと、自分のこだわりの大小に気づくことができ、感情や思考の整理をすることにもなります。

この準備なしで交渉に臨んでしまうと、相手の出方に対して柔軟に対応することができなくなり、交渉が自分の思い通りに進まなくなってしまいます。スムーズな交渉を行うためにも、交渉の直前までにリストアップして自分自身を整理しておきましょう。

これは第2章で詳しく解説いたします。

●対話…聴いて共感する

対話は、実際の交渉における相手との話し合いのことです。先ほどお伝えしたように、対話中はあなたの意見や希望・要望を伝えることを優先するのではなく、相手の話を聴くことに比重を置きます。

ここで意識してほしいのは「聞く」ではなく、「聴く」ということです。単に相手が発している言葉を「聞く」のではなく、言葉の裏にある相手の本音や感情にも意識を向けて「聴く」ようにすることが大切です。

交渉では、どうしても自分の要求や希望を伝えたくなってしまいます。その結果、こちらも話すほうに意識が取られてしまいがちです。

でも、そこを押しとどめ、**「聴く：話す」の割合は少なくとも「聴く7：話す3」**、でき

るならば「聴く8：話す2」くらいでもいいくらいです。

質問をして相手が求めているもの、相手の奥深くにある本音などを引き出したり、相手の言葉の裏に隠れている感情に関心を示して共感することが大切です。

「聴いている」姿勢を相手に見せることができると、相手はあなたになびいてきます。そうすると、会話もスムーズなものとなり、あなた自身のペースを崩さずに交渉を進めることができるのです。

この「聴く」方法は、第3章、第4章で詳しく紹介いたします。

・クロージング…敬意を持ってプレッシャーをかける

クロージングは交渉の終盤になります。ここをどのように工夫したら、交渉がうまくまとまるのでしょうか。

クロージングの場面でも交渉相手を尊重するスタンスを持つように意識するのですが、この段階では、多少なりとも交渉相手に心理的なプレッシャーをかける必要があります。

もしかすると、気弱さん・口下手さんは、ここを苦手としている方が多いかもしれませんね。

まず、気弱さん・口下手さんはこう自分に言ってあげてください。

「私（僕）は、交渉相手にクロージングでプレッシャーを与えてもいい」

交渉というのは、うまくまとまってもまとまらなくても、お互い結論を出すことに変わりはありません。その結論を促すのがクロージングですから、必然的に相手にはプレッシャーをかけることになります。

だから、**プレッシャーをかけていいんです。**

あとは、そのプレッシャーのかけ方です。

具体的な工夫の仕方については第5章でお伝えしますが、大事なのは相手への配慮と敬意です。相手への配慮・敬意を示しながらのクロージングは相手も納得しやすくなります。

このようにそれぞれの過程で準備をして、意識を変えていくことで、より劇的に満足度の高い交渉結果をもたらすことができます。楽しみに読み進めていってくださいね。

ここがポイント

相手への配慮を忘れずに

COLUMN

「返報性の原理」とは

返報性の原理というのは、相手から好意やサービスを受け取るなど、自分の欲求を満たしてくれるようなことをされたとき「こちらもそれに見合うお返しをしなければ」という気持ちになる心理的効果のことです。

これは、日常生活のシーンにおいてもビジネスシーンにおいても、いろいろなところで見られます。

日常生活ではどのような場面があるでしょうか。例えば、皆さんもSNSをされていると思いますが、自分の投稿に友達から「いいね」を押してもらえたら、その友達の投稿にも「いいね」を押し返したりしませんか。これは返報性の原理が働いているんです。

一方、ビジネスの場面では、例えば、コンビニのトイレ。用を足したくなってコンビニのトイレを借りたあと、なぜかそのコンビニで物を買って帰ろうなんて心境になったりしませんか（笑）。これも返報性の原理です。

返報性の原理も細かく分けると、①好意の返報性、②譲歩の返報性、③自己開示の返報性があります（正確にはもう１つ「敵意の返報性」もあります）。

「①好意の返報性」は、相手から好意や親切なことをされたとき、それに対するお返しやお礼をしたくなる心理的効果のことです。例えば、対向車に道を譲ったとき、対向車のドライバーさんが感謝のウィンカーを出すような場合がそれにあたります。

「②譲歩の返報性」は、相手が歩み寄ってくれたから、次は自分も歩み寄ろうと思うようになる心理的効果のことです。例えば、示談交渉で相手が当初の希望額である示談金100万円から80万円まで譲歩してきたことで、こちらも当初の希望額である50万円から60万円まで引き上げるといった場合はこれにあたります。

「③自己開示の返報性」は、相手が自分の秘密や普段は人にあまり言わないような事柄を開示することで、こちらも自己開示をしようと思うような心理的効果のことです。例えば、交流会で名刺交換の際に、相手の人が「じつは今日、靴下を裏表逆に履いてきてしまって」という自己開示がなされたことで、自分も「僕は、ここに来るとき逆方向の電車に乗っちゃったんです」と自己開示をするといった場合がこれにあたります。

返報性の原理をうまく活用するためには、相手の「これがあったら（これをされたら）嬉しい」という小さな欲求を満たすようなサービスを与えるのが肝です。あまりに大きいサービスで、相手に罪悪感を与えてしまうようなものは返報性の原理をうまく活用できないので気をつけてくださいね。

第2章

自分の願望について「準備」しておくことが超大事

1 自分が本当に求めているのは何なのかを探っておこう

相手と交渉をする前に、自分がその交渉で「本当にかなえたいこと」が何なのかを探る時間をとるようにします。

第1章でもお伝えしたように、頭で考えた表面上の思考では「あれが欲しい」とか「いくらで買いたい」「あそこに行ってみたい」といった願望が出てくると思います。でも、それがあなたが本当に求めているものかというと、そうとは限らないことも多いのです。

じつは、その表面上の要望の裏に隠れていることが、あなたの本当に求めているものである可能性もあるのです。

具体例を挙げたほうが、わかりやすいですよね。

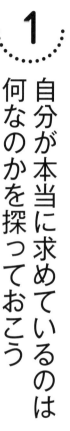

例えば、友達とタイへの旅行を計画しているとします。

タイでの過ごし方を決めるとき、あなたは離島のリゾートで海を満喫したいけれど、友達はあまり出かけずにホテルでゆっくり過ごしたいと思っているとします。このとき、あなたが考えている希望を通そうとする場合、あなたの希望は「離島のリゾートに行くこと」となります。

もし、このままの希望で友達と交渉したらどうでしょう？　話がまとまらず、「じゃあ、別々に行こう」なんていう結論になったら悲しいし、寂しいですよね。

でも、もし事前に、この旅行で自分自身が本当に味わいたいことが何なのかを探っていたら、違った結果になるかもしれません。

あなたが離島のリゾートに行きたいと思った理由を自分自身に問いかけてみましょう。どうして自分は離島のリゾートに行きたいと思ったのか、離島リゾートに行って何をしたいと思っているのか、海で泳ぎたいのか、浜辺でくつろぎたいのか…。自分がこの旅行で本当に味わいたいのは何なのかを自分に問いかけながら探ってみます。

その結果、あなたが離島のリゾートを希望していた理由が「喧騒から離れてリラックスしたい」や「自然の中で癒されたい」といったものだったとします。すると、あなたにとってかなえたいことは、「離島のリゾートに行くこと」というよりは、「リラックスしたい」や「自然の中で癒されたい」ことになります。

つまり、自分が満足するであろうポイントがより抽象的になるのです。

すると、交渉で友達の案が仮に採用されて、旅の目的地が離島のリゾートにならなかったとしても、その行き先や過ごし方が喧騒から離れてリラックスできたり、自然の中で癒されるようなものであれば、あなたの望みもかなえることができるのです。

交渉結果に対する満足度は、決して低いものにはなりません。


このように、交渉をはじめる前に（交渉の途中でもかまいません）自分自身と対話をし、自分が本当に何を求めているのか、何をしたいのかをより深く探っていくと、自分は何を求めているのかが明確となります。

そして、**自分が本当は何を求めているのかを知っておくと、交渉を進める際にも柔軟な対応ができて、相手の希望を尊重しながら自分の満足度も高めることができるようになります。**


私は依頼人の方とお話しするときには、その人の本当に求めているものは何なのかを掘り下げて聴くようにしています。

依頼人の方は「絶対にこうしてほしい」という希望を持っていることが多いのですが、質問を重ねて掘り下げていくと、依頼人本人すら見えていなかった当初の条件の裏に隠れている「望み」や「希望していること」が見えてくることがあります。

人は意外と自分のことがよくわかっていません。

一度、自分の中でかなえたいこと（希望）ができてしまうと、それがすべてだと思っている頑固になってしまう方もいます。でも、表面上の希望に固執して自分の本当に求めているものを探らないままだと、視野が狭くなりますし、選択肢が限られてしまいます。

だからこそ、自分の本当に求めているものを満たせる選択肢を複数持っておくことで、相手との交渉がうまくまとまりやすくなるのです。


おわかりいただけたでしょうか？

自分の満足度を最大限に高めるためには、最初に頭に浮かんだ望みに固執するのではなく、自分自身との対話を行って自分の本当の希望や望みを知ることがとても大切なのです。

ここがポイント

まずは自分に質問をする

2 本当に希望することを知るには「リストアップ」がお勧め

交渉においては、自分が本当に求めているもの、求めていることが何なのかを探っていくことの大切さが、おわかりいただけたでしょうか。

今度はそれを探る具体的な方法についてお伝えいたします。

先に述べたように、人は頭の中で最初に思いついた希望がすべてだと思い込んで、そこから離れにくくなってしまいがちです。

でも、1つの希望に固執していると、その希望と少しでも異なる条件を相手から示されると不満を感じてしまい、交渉の結果に満足できなくなってしまいます。

そこで、**自分が本当に求めているもの・ことが何なのかを知るために、紙に手書きでリストアップしていく方法をお勧めします。**

このリストアップは、長い文章ではなく、箇条書きくらいで大丈夫です。

まず、一番最初に思いついた希望に対して「それで何が得られるの？」と問いかけてみてください。その問いかけに対する答えが浮かんだら、その答えをどんどん書いていってください。

ひと通り答えが出たら、その答えごとに「そうすると何が得られるの？」とさらに問いかけをしていきます。

その問いかけに対する答えも、探ってみて、書き出してください。これを繰り返していくと、自分の本当に求めているものが何なのかにたどり着けます。難しく考えず、簡単な言葉や単語でいいので、すべて書き留めていってくださいね。

たとえ何も思いつかなそうだったとしても、まずは紙とペンを用意して自分の前に置くことからはじめてみましょう。そうすることで、考えるためのスイッチが入り、自分の考えや感じていることが浮かんできやすくなります。

紙に書いていくときのポイントは、「自分に素直になる」ということです。

自分との対話の中で、「これを書いたらまずいことになりそうだ」とか「常識的に考えてこの希望はかなわないだろう」「こんな希望を書くのは格好悪い」などと思わず、**自分の素直な気持ちにブレーキをかけずに書いてください。**

思いついたことを素直に、すべて書くことが大事です。

どんなにくだらなくても、社会常識や倫理道徳から外れていたとしても大丈夫です。誰も見ていません。自分の常識や倫理を気にしてしまうと、せっかく浮かんできた本音を打ち消すことになっちゃいますから。素直に書き出していってください。

この段階では、リストを改めて見直す必要はありませんので、とにかく書いてみることが大事です。

自分の本音に自分が気づかないと、本当に欲しいものや希望しているものが見えなくなってしまいます。リストは他人に見せるものではないので、格好つけることなく素直に書き出していき、本音を引っ張り出すことを意識しましょう。

ここがポイント

格好つけずに書き出そう

■〈自分の望み〉タイ旅行では、離島のリゾートで過ごすこと

Q：問いかけ
タイ旅行で、離島のリゾートで過ごすことで何が得られるの？

A：答え

- ラグジュアリーな雰囲気を味わえる
- 映画のロケ地だった場所を巡れる
- 心身ともにリフレッシュする
- 海を見てボーっとして癒される
- サンセットを見て癒される
- 買ったばかりの水着が着られる
- SNSで映える投稿をすることができる
- シーフードをたくさん堪能できる

Q：問いかけ

- ラグジュアリーな雰囲気を味わうと、何が得られるの？
- 映画のロケ地を巡れると、何が得られるの？
- 心身ともにリフレッシュすると、何が得られるの？
- 海を見てボーッとして癒されたら、何が得られるの？
- サンセットを見て癒されたら、何が得られるの？
- 買ったばかりの水着が着られたら、何が得られるの？
- SNSで映える投稿ができたら、何が得られるの？
- シーフードをたくさん堪能できたら、何が得られるの？

A：答え

- ラグジュアリーな雰囲気を味わうと、自分を大切にできていると実感できる
- ロケ地を巡れたら、その地でわくわくできる
- 心身ともにリフレッシュすると、また仕事を頑張れる
- 海を見てボーッとして癒されたら、日々の疲れが取れる
- サンセットを見て癒されたら、感動できる
- 買ったばかりの水着を着た自分を周りに見てもらえて、嬉しくなる
- SNSで映える投稿ができると、皆が「いいね」を押してくれて嬉しくなる
- 海のリゾートに来たことを実感できる

3 希望がかなったときのデメリットもリストアップ

このように自分の希望をリストアップする利点は、自分自身のかなえたい希望や条件を整理できること、そして自分自身がじつは望んでいることを探っていけることの2つです。

欲しいもの、希望することをリストアップしたら、その希望がかなったときの「メリット」と「デメリット」についてもリストに書き出してみます。

メリットとデメリットをリストアップすることで、自分はその望みが実現したときに、どうなると思っているのかを知ることができるからです。

リストアップをする際のポイントは、希望がかなえられた場合の「デメリット」についても意識することです。

希望がかなった場合のメリットは割と簡単に出てくると思います。でも、希望の条件がかなったときのデメリットについては、なかなか意識が向かないかもしれません。なぜなら、自分が欲しているることの裏に潜んでいるデメリットについて深く掘り下げるなんてことは、普通はしないのですから。

ではなぜ、希望の条件がかなったときのデメリットについてもリストアップする必要があるのでしょうか？

現状を自らが希望する方向に積極的に変えることに対し、無意識のうちに抵抗をしている自分がいるのだとしたら、それに気づく必要があるからです。

例えば、あなたがいまつき合っている異性とのパートナーシップを解消したいと思っていても、何となくできない状況が続いているとします。

そこで、関係を解消することのメリットとデメリットを見ていきましょう。

関係を解消することで得られるメリットと

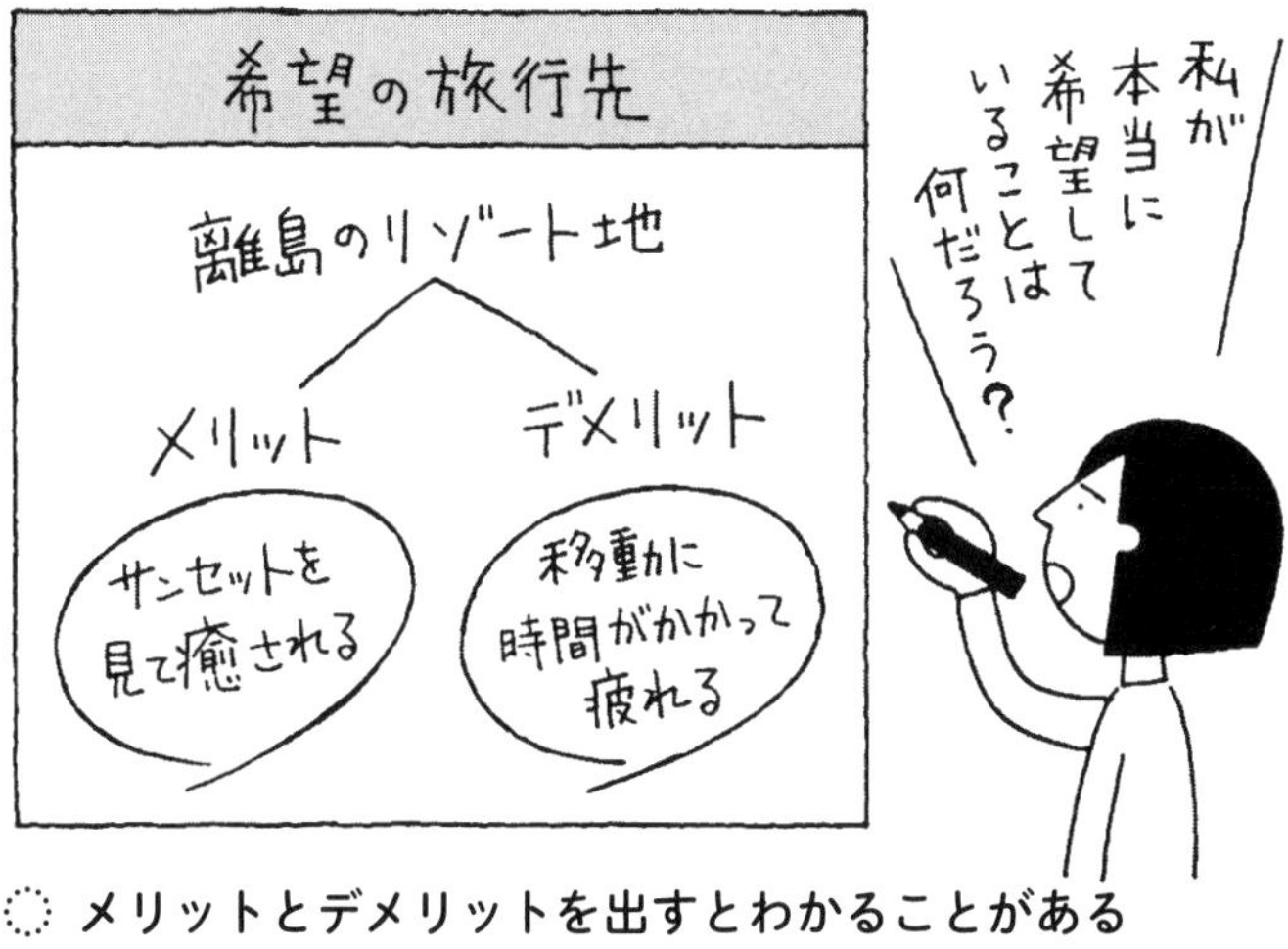

メリットとデメリットを出すとわかることがある

しては、自分の時間ができる、自分自身にお金を使うことができる、などがあるかもしれません。一方、デメリットとしては、パートナーとの共通の友人から好奇の目を向けられる、他人から余計な詮索をされる、などが挙げられるかもしれません。

デメリットにも目を向けることで、関係を解消することが他者から詮索される状況を生むのでは…と自分で思っていることを理解し、その状況を好ましく思っていないからこそパートナーとの関係を解消せず、現状維持を選んでいる自分がいることに気がつけます。

このようにデメリットに目を向けるのは、自分の希望を否定しているように感じるかもしれません。でも**大事なのは、自分自身を客観的に見つめ、自分が本当に望んでいるものは何なのか、なぜそれを求めているのかを知ること**です。

メリットだけに目を向けていては自分自身の一面しか見えません。メリットとデメリットの両方に目を向けてこそ、自分の本当に望んでいることに出会えるのです。

このメリット・デメリットのリストアップをした後にリストを眺めると「自分はそんなことを思っていたのか」という発見をすることができます。

先ほどの友達とのタイ旅行の過ごし方を例にすると、離島リゾートに行きたいと思っているあなたが感じるメリットとして「映画のロケ地だった場所を巡れる」「サンセットを

■ メリットとデメリットをリストアップ

離島のリゾートに行くことのメリット	離島のリゾートに行ったときのデメリット
●ラグジュアリーな雰囲気を味わえる ●映画のロケ地だった場所を巡れる ●心身ともにリフレッシュする ●海を見てボーっとして癒される ●サンセットを見て癒される ●買ったばかりの水着が着られる ●SNSで映える投稿をすることができる ●シーフードをたくさん堪能できる ⋮	●離島に移動するまでの時間と費用がかかる ●体力を使って疲れる ●物価が一気に高くなる ●日本語がまったく通じない ●ホテルの設備が整っていない ●コンビニがない ●Wi-Fiがつながらない ⋮

見て癒やされる」といったことがありました。

一方、デメリットとしては「離島までの移動に時間と費用がかかる」「体力を使って疲れる」などが出てきたとします。

これらに共通する目的としては「日々の疲れを癒したい」というものが該当してきます。この目的を達成することが大切だとすれば、離島のリゾートに行くことに固執する必要はなく、友達の提案通り、離島ではなくとも海沿いのホテルステイで疲れを癒すことさえできれば、タイ旅行で十分に満足できるのです。

そうすると、交渉としては丸くおさまりますよね。

自分が希望していることの裏にある、「本当に求めていること」を理解していると、交渉でも余裕を持つことができ、柔軟な対応ができるようになります。自分の希望がかなったときのメリットとデメリット、ぜひ探ってみてくださいね。

ここがポイント

デメリットから本当に求めていることがわかる

4 リストアップした項目の1つひとつを検証しておこう

先ほど、自分がかなえたい希望のメリット・デメリットをリストアップするときは、常識や倫理にとらわれず、とにかく思いつくままに書いてみるようにお伝えしました。

思いつくままに書いた次は、リストアップの内容を1つひとつ検証してください。ここは、言葉で説明してもわかりにくいと思いますので、53ページの図を参照しながら解説していきますね。

先ほど例に出した、パートナーシップを解消したいけど、なかなか別れられずにいる事例を題材にしてみましょう。これも立派な交渉です。

これらのリストアップ項目を1つひとつ検証していきます。時には、「本当にそうなのかな？」「自分の思い込みに過ぎないんじゃないかな」「そうじゃない可能性もあるよね？」といったツッコミを入れたりもします。

例えば、53ページ下図のような感じです。図の下線部分が検証箇所です。

リストアップの結果がポジティブなものであれば、とくに検証をしなくてもよいかと思いますが、リストアップした結果として、自己卑下や自分を責めているようにもとらえられるようなネガティブなものが出てきたときは、検証してみたほうがいいですね。

なぜなら、自己卑下や自分責めは単なる思い込みでしかないことも多く、リストアップして「見える化」したうえで「本当にそうなの？」と検証することで、その思い込みが解消される可能性もあるからです。

思い込みが解消されると、自分の本当に望むことが何なのかが、より明確になってくることでしょう。

ここがポイント

ネガティブな内容にはツッコミを入れる

■パートナーシップを解消するメリット・デメリット

メリット 〜解消すると、どんな良いことがあるか〜	デメリット 〜解消すると、どんな嫌なことがあるか〜
●自分の時間をたくさん確保できる ●新しい素敵なパートナーと出会える ●いまの仕事に没頭することができる ●同性の友達とたくさん飲みに行ける ●お金を節約して、貯めることができる ⋮	●自分のことをこんなに理解してくれる人はもう現れない ●１人旅行で寂しい思いをする ●おしゃれなお店に１人で入れない ●夜、誰も話す相手がいない ●周りから噂され、社内に居づらくなる ●相手が、自分の悪口を周りに吹聴する ⋮

■デメリットを検証していく

メリット 〜解消すると、どんな良いことがあるか〜	デメリット 〜解消すると、どんな嫌なことがあるか〜
●自分の時間をたくさん確保できる ●新しい素敵なパートナーと出会える ●いまの仕事に没頭することができる ●同性の友達とたくさん飲みに行ける ●お金を節約して、貯めることができる ⋮	●自分のことをこんなに理解してくれる人はもう現れない ⇧ 本当にそう言い切れる？　本当に相手は自分のことを理解していたのか ●１人旅行で寂しい思いをする ⇧ 家族や友達を誘って行けばいいんじゃないか ●おしゃれなお店に１人で入れない ⇧ 入れないことはないんじゃない？　友達を誘ったっていいんじゃないか ●夜、誰も話す相手がいない ⇧ 友達に電話すればいいんじゃないか ●周りから噂され、社内に居づらくなる ⇧ 社内の誰も気にしていない可能性もあるのでは ●相手が、自分の悪口を周りに吹聴する ⇧ 根拠は？　いままでそのようなことがあったのか ⋮

5 リストアップの裏に潜んでいるネガティブな感情をコントロールする方法

あなたが希望する条件のメリット・デメリットをリストアップしていくと、中にはネガティブなものも当然出てきます。

そして、そのネガティブなものの裏には、「怖い」とか「悲しい」「腹が立つ」といった負の感情が潜んでいるものです。

じつは前項でもお伝えしたように、出てきたリストアップ結果に対して「そうするとどうなる？」というように深く掘り下げてみると、その感情に振り回されなくなります。

例えば、配偶者との離婚協議で、夫側は「離婚はしたくない」と思っているとします。対して妻側は「離婚したい」と言っているとしましょう。

ここでは、夫側の希望する「離婚しない」ことのメリット・デメリットを探ってみます。

そうすると、左ページ図のような感じのリストアップ結果が出てくることがあります。

■夫の側の離婚についてのメリット・デメリット

離婚しないことのメリット	離婚しないことのデメリット
●結婚していることで会社や取引先からの信用が保てる	●家の中が冷え切っていて居心地が悪い
●引っ越し費用や家具を改めて買わなくてよい	●仕事のモチベーションが保てない
●高い養育費や解決金を払わなくてよい	●他の女性と付き合えない
⋮	⋮

この図のように、「結婚していることで会社や取引先からの信用が保てる」と夫側は思っているとします。そのように思っているということは、「離婚すると会社や取引先からの信用がなくなる」と思っているということです。

いまの時代、離婚することで会社や取引先からの信用を失うということ自体あまり現実的ではないかもしれません。でも、中にはこのように思う人も実際にいるので、例に出してみました。

では、この「離婚することで会社や取引先からの信用を失う」というリストアップ結果の裏に潜んでいる感情は何でしょうか？　信用がなくなることによる不安・恐怖つまり「怖い」という感情だったりしないでしょうか。

そこで、「会社や取引先からの信用を失う」と、どうなるのかについてさらに深く掘り下げていきます。

そうすると、「職場で安心して仕事ができなくなる」→「いまの職場に居づらくなる」→「再就職するための活動をしなくてはならなくなる」→「この年齢なので新たに雇い入れてくれる会社が探せない」というように、夫側が抱える根本的な心配事にたどりつけるようになります。

この根本に潜んでいる感情は、「怖い」とか「困る」ではないでしょうか。苦しい生活になるのではないかという生死への恐怖だったりします。

こんな感じで、リストアップによって出てきたネガティブな内容はそのままにしておくのではなく、その裏に潜んでいる感情が何であるかまで探ってみます。

自分はどんなことに対して怖がっているのか、どんなことに対して困るのかなど、**ネガティブな感情が何なのかに当たりをつけたうえで、その感情を冷静に見つめるようにしてみます。**

こうしたプロセスを踏むと、会社や取引先から信用がなくなることによる不安・恐怖、つまり「怖い」という感情は、じつは意外と大したことがないものだと気づけるような場面も出てきます。

本人からすれば怒りや悲しみを覚えていたとしても、他人から見たらそれほど大騒ぎすることでもない、ということは往々にしてありますよね。

それは他人のほうが客観的に、俯瞰的に物事を見ることができるからです。いわゆる「見える化」できているということです。このリストアップは、そのような状態を自分でつくることができます。交渉の前に、ぜひやってみてください。

このように**自分の感情を冷静にとらえることができると、その感情に振り回されずに行動を選択することができるようになります。**

これは多くの人が意識していない、あるいは意識できていない点だと思います。

交渉の相手もできていない場合が多いのです。

自分が望んでいることの底に潜んでいる本音・感情が何であるのかを知っているのと知らないのとでは、交渉結果にも影響が出てきますし、その結果に対する納得感にも大きな違いが出てくると思います。

ここがポイント

マイナスは意外と大したことがない

COLUMN

探った感情を自分に許可してあげよう

私たちは感覚を通じて「感情」を味わうようにできています。厳密に言うと、私たちには感情が身体反応をもたらす機能と、身体反応が感情を刺激する機能の両方があるとされているようです。

例えば、悲しいときには胸が締めつけられるように痛くなったり、怖いときには体が震える感覚があると思います。悲しさや怖さを感じたから体の感覚が表れるのか、体の感覚が最初に表れてその感覚が脳に伝わり、「悲しい」や「怖い」という感情が生まれるのか。詳細は専門書に委ねますが、いずれにしても身体感覚と感情は表裏一体になっています。

ですから、この章でお話ししたリストアップの過程では、自分がどんな感情になっているのかを探っていくために、自分の身体の感覚にも意識を向けてあげましょう。

「怖さ」を例にしましょう。まずは「怖い」という感情が自分の中にあるとします。そして「怖さ」が体のどの部分にどんな感覚として残っていそうかに意識を向けるのです。もしその感覚があるようなら、その感覚を素直に味わってみましょう。

感情・感覚を味わうことに許可を出し、体感覚で味わうと、そのうちに当初抱いていた感覚・感情は減っていき、いずれはなくなっていきます。これを「感情の消化」と言います。

54ページのケースを例にとると、離婚協議で夫側は「離婚することで会社や取引先からの信用がなくなる」と思っています。これを掘り下げていくと、最後は「この年齢なので新たに雇い入れてくれる会社が探せない」で、この奥に潜んでいる感情は「怖い」でした。実際に安心して仕事ができなくなるか、職場に居づらくなるか等は別として、ひとまず感じている「怖い」という感情は否定せず、感じることを許可してあげるのです。

「そりゃ怖いよね、仕事がなくなるとしたら」「怖くていい」というように、言葉に出しても出さなくとも怖さを感じることを自分自身で受け入れてあげましょう。この感覚を無理に押さえつけたり、味わうことを自分に許可しないでいると、当初の条件に固執してしまったり、必要以上に譲歩してしまう恐れも出てきたりします。そうすると自分の本当の希望している条件から離れてしまうので、満足できる結果にならなくなるわけです。自分の本音や本心に沿った希望や条件を提示するためには、ネガティブな感情を素直に味わって、消化させていくプロセスが大切です。

この「感情の消化」を行う際は、心の痛みを伴う場合もあります。どのような内容かにもよりますが、あまりにも自分自身で抱えきれない場合は、無理せずプロのカウンセラーなどに頼るのも１つの方法です。

6 「バトナ」（代替案）は心の余裕になる

「BATONA」（バトナ）という言葉を聞いたことがありますか？

BATONAとは、「Best Alternative To Negotiated Agreement」の略語で、直訳すると「交渉で合意に至らなかった場合における最善の代替案」という意味です。

もう少しやさしく言うと、「交渉がまとまらなかったり決裂したときに、あなたが選択できる代替案」のことです。

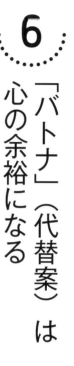

交渉をする際に陥りがちなのが、「この交渉が決裂してしまったらもう終わり」とか、「そのためには、ある程度の妥協もやむを得ない」というような悲観的なマインドになってしまうことです。

相手の希望している条件と自分の条件の間に大きな開きがある場合は、なおさらそうした考えに陥りやすくなります。また、自分の希望や条件にこだわりが強ければ強いほど、

「負けられない」という気持ちになってしまいがちです。

すると、交渉において柔軟な対応をすることが難しくなってしまいます。

そこで必要なのが「バトナ」です。

代替案を準備するには、まず自分が希望する条件や要求がかなうことで自分が何を本当に得たいのかを知ることが大切です。その得たいものを獲得できる代替案を考えるのです。

交渉が決裂した場合、もしくはそもそも交渉をしない場合を想定し、本当に得たいものを獲得するためには他にどんな選択肢があるのかについて考えてみます。

そして、**いくつかの選択肢の中で、最も自分が満足できるものを代替案として交渉に臨む際に持っておくようにする**のです。


例えば、コンサルティング契約のケースを例にしてみましょう。

経営コンサルタントであるAさんは毎月クライアント企業であるB社から月30万円のコンサル料を支払ってもらっていたとします。でも、Aさんとしては自分のスキルがバージョンアップしたため、今後は1社につき40万円を支払ってもらいたいと考えています。Aさんとしては、クライアント数は増やさずに料金の値上げをしたいのです。

この場合、通常の交渉であれば金額面に着目して互いに譲歩できるところを落としどころとして進めていきますが、これにはどのようなバトナが考えられるでしょう?

まず、バトナを決めるうえで大切なのは、そもそも自分は何を(あるいは、どういった状況を)欲しているのかという点に目を向けることです。

先の例で、このコンサルタントがどのような状況を望むかと考えると、「自身のバージョンアップしたサービスを月40万円で提供すること」です。すると、この件でのバトナとしては、B社以外で、自身のバージョンアップしたコンサルを月40万円で依頼してくれる新規のクライアントを見つけるという代替案が考えられます。

こうしたバトナを踏まえれば、交渉決裂に対してもいい意味で腹をくくることができ、B社との交渉をまとめることにそれほど固執しなくてもよくなります。また、無理に妥協して相手の提示に合わせることもなくなります。

スキルが上がっているのであれば、むしろ新たな顧客獲得の機会を創出できることにもつながりますし。

このように、バトナを用意しておくことによって、交渉が決裂した場合でも自分の目的を達成するためには代替案があるから大丈夫、つまり**「負けても何とかなる」という精神的な余裕を持つことができる**のです。「何としても交渉をまとめなければ…」と想定外の譲歩をする必要がなくなるんですね。

バトナを設定するうえで重要なのは、相手との交渉以外に目を向けることです。交渉相手との話し合いだけしか解決策がないということはありません。自分の本当に求めていることが実現できればいいわけですから、気楽にバトナを見つけておきましょう。

一方で、交渉相手もバトナを持っていることがあります。先の事例でいえば、B社もAさんと月30万円でのコンサルタント契約を維持できなくなれば、別のコンサルタントに同額もしく

ボクは
別に
負けても
いいですよ
いざ！
バトナ
負けられない
戦いがそこにある

バトナを持って、余裕で交渉しよう

はそれよりも安いコンサル契約を依頼しようと思っているかもしれません。

このように交渉相手のバトナが想定できる場合には、そのバトナをやんわりとつぶしておくのも効果的です。

「これを断ったら損するかもしれない」「応じたほうが得」と思わせるようなPR文句を用意しておくのです。

先の例で例えると、「日本で有数のコンサルタントに師事して取り入れたスキルを御社とのコンサルでも披露する予定でいます」とか、「数社限定のサービスにしようと思っています」などといった具合です。

このような交渉相手のバトナつぶしも、自分のバトナがあってこそです。バトナができていれば心理的な余裕を持って相手のバトナをつぶすこともできるのです。

ここがポイント

バトナは必ず考えておく

7 人を嫌ってはいけないというタブーを取っ払おう

皆さんは、「好き嫌いがあってはいけない」とか「人を嫌ってはいけない」というように知らず知らずのうちに教えられてきませんでしたか。

親からかもしれませんし、学校で教えられたのかもしれません。あるいは先人の教えから知らないうちにインストールされたのかもしれません。

一方で、特定の何かや、特定の誰かのことがどうしても好きになれない、ということは避けられないと思いませんか？

「生理的に受け入れられない」だったり、「その人の顔、話し方、仕草、服装、人生観が好きになれない」だったり。ある意味仕方のないことですよね。

にもかかわらず、特定の何かや人を嫌うことは何となくタブーとされがちですし、とくにマジメな方は「自分なんかが自分以外の何かや人を嫌っていいのだろうか」というように、自己卑下をしてしまう傾向があります。

このような**「嫌ってはいけない」マインドは、交渉の場になると「他人優先」マインドに変貌し、相手の提示を断ってはいけないとか、受け入れなくてはいけないという心境になってしまいがち**です。

こうしたマインドがあると、自分の意思や希望を交渉に反映させにくくなりますから、避けなくてはいけません。

思うに、特定の何かや特定の人（人の特徴）を嫌ってはいけないと自分に禁止するというのは、自分が本当に感じていることにフタをしてしまうことです。思いきり自己否定になってしまいますし、自分に嘘をついていることにもなります。

すると、自分の本当に求めているものが何なのかにも気づきにくくなってしまうのです。ところで、ここまで使ってきた「嫌う」という言葉の響きは、少し語感が強い気がします。ですからこう言い換えてみませんか？

「自分には合わない」と言い換えてみるのです。

実際に、本当のところは、「その人そのもの」を嫌いなのではなく、「その人の持っているある特徴が自分には合わないから嫌だ」ということでしょうから、「自分には合わない」という言葉がマッチするんじゃないでしょうか？

そのものや人に備わっている特徴が、そのときの自分の感覚には合わないというだけのことです。

気をつけてほしいのは、「自分に合わないモノやコトには触れるな」とか「自分と合わない人とはつき合うな」と言っているわけではない点です。

あくまで「これは嫌」「あれは自分には合わない」という自分の感覚・感情をわかっていて、そのうえで「合わないモノやコトに触れるか、遠ざけるか」「合わない人とつき合うか、離れるか」を自らが選択できるようにしておくのが大事ということです。

もしあなたが「嫌ってはいけない」とか「好き嫌いはよくない」という思い込みが強いと思うなら、日常生活の中で自分がどんなことに嫌悪感を覚えているのか、どんなことが自分にとって不快なのか、どんなことが苦手なのかに敏感になってみてください。

できれば30個から50個くらいリストアップしてみることをお勧めします。

どんなに小さいことでもかまいません。できれば理由つきのほうがいいですね。

「○○のことが▲▲だから嫌だ！」というようにです。例えば、「○○さんは、その仕草が不気味で怖くて嫌だ」とか、「△△さんの話し方は、とても速いスピードで丸め込まれそうで怖いから嫌だ」といった感じです。

このリストアップをすると自己嫌悪に陥ってしまうような部分もあるかもしれません。「自分ってこんなことを嫌に思っていたんだ?」と目を覆いたくなるようなこともあるかもしれません。でも、それらも自分の一部として認めることが大切です。

大事なことは、相手やモノに矛先《ほこさき》を向けるのではなく、あくまで自分の中で起こった「嫌」という感覚に目を向けることです。「あ、自分はこういうことが嫌だったなー」というように、自分を少し上から俯瞰するというか、見下ろすイメージです。

このように**「誰かを嫌な自分」「何かを嫌な自分」というものを受け入れられるようになり、許せるようになると、より選択の幅が広がっていきます。**

自分が好きなほうを選択できますし、「こういう部分は嫌だけど、あっちの部分ではメリットがあるから今回はあえて選ぼう」というような選択もできるようになります。

すると交渉にも、より豊かなマインドで向き合うことができるようになるのです。

ここがポイント

交渉相手が好きでも嫌いでもいい

8 相手との共通点を見つけるように意識してみよう

交渉は、自分とは異なる希望や条件を持っている相手と、何らかの合意に至るまでのコミュニケーションです。ですから、交渉で自分の条件をかなえるためには相手との円滑なコミュニケーションも大事になってきます。

そのため、自分と相手との間の「共通点」を見つけておくのも有効な手段になります。共通点が見つかるだけで、相手との距離感が縮まり、互いに親近感がわいて仲間意識や、「ラポール」（信頼関係）がつくられるのです。

ラポールがつくられると、お互いに合意に向けた道筋を何とか模索しようとしますし、人間関係が不用意に壊れるようなこともなくなります。

会話の中で共通点を探ることも1つの方法ですが、事前に交渉相手の情報に可能なかぎり触れて情報収集しておくのも効果的です。

僕は交渉の相手が代理人である弁護士であることも多いのですが、事前に共通点を見つけるために相手の事務所サイトから弁護士紹介のページに目を通すようにしています。弁護士紹介の欄には、略歴だけでなく趣味や特技などの情報が記されていたりします。そうした情報を通して、相手の人がどんな人なのかを知り、自分との共通点を見つけ出してコミュニケーションに役立たせています。

相手が一個人であったとしても、インターネットやSNSなどから情報を集めることは可能です。相手の出身地や趣味、略歴など、交渉に臨む前に情報を知っておくことで、交渉時の会話はより広がりやすくなります。

心理学でいう「類似性の法則」ですね。出身地や趣味など、自分と共通点があったり類似していることがあると、親近感がわいて好感を持ちやすいというものです。

共通点が見つかると、短時間で相手との距離を縮めることができるのでお勧めです。人それぞれリアクションは違うかと思いますが、嫌悪感を抱くような人はまずいません。ですから、共通点があるのであれば、口に出して伝えたほうがお得です。

僕の例を紹介します。僕は相手から共通点を言われた側です。

不動産の仲介会社との交渉のときのことです。当時、ワンルームマンションを売却したいと考えていて、どこに依頼するのがいいのか迷っていました。そんなとき、ある不動産仲介会社から売却の打診があったのです。

僕は元高校球児で野球が大好きなのですが、相手の担当者も元高校球児で野球好きな方でした。彼が僕の事務所のサイトを見て、野球好きという共通点を見つけて口にしてきたことで会話は盛り上がり、相手に親近感・信頼感を抱くことができました。メチャクチャ単純です。

共通点があったことで親密感が増したため会うことになりました。その後の相手の方の丁寧な対応や好条件も、その会社を通して売ることを決めた理由の１つではあるのですが、共通点があることを知らなければ具体的な交渉まで進まなかったことも事実です。

相手との共通点があると親近感がわく

共通点についての話をするタイミングはいろいろあっていいと思います。会話の終わりに「そういえば…」という形で盛り込むのもいいと思います。でも、必ず共通点の話をしなければと思わないでくださいね。何もなくても十分に交渉は成り立ちますし、これはちょっとした調味料に過ぎないのです。

ちなみに、もし相手が会話に積極的でなく、共通点が見つけにくい場合は、自己開示を試してみることも有効です。自分自身の情報を先に出すことで、相手が共通点を見つけてくれることもあります（自己開示の返報性、35ページ参照）。

目の前にいる人がどんな人なのかわからないと不安を感じるのはあなただけではなく、相手も同じです。自分がどんな人物なのかを伝えることで、向こうも警戒心を緩めて自分の話をしてくれるようになるでしょう。すると、ラポール（信頼関係）が築かれ、友好的に交渉を進めることができる可能性が高まります。

そして自分の希望する条件にも理解を示してくれるようになり、望む交渉結果を手に入れやすくなるのです。

ここがポイント

自分からも情報を出そう

第3章

相手の気持ちに寄り添い
意見を受け入れてもらえる
「聴き方」

1 常識を横に置いて「相手の言いたいこと」を聴こう

皆さんは日々、職場やプライベートで人と会話をしたり、何らかの交渉をしていると思います。そのとき、相手の言っていることが「ちょっと常識からかけ離れているな」「なかなか受け入れがたいな」って思うこと、ありませんか？

「時間がもったいないな」とか、「どう言ったらこの人にわからせてあげられるだろう」とか思ったりして、歯がゆさやイライラがつのることもあるかと思います。とりあえず、そんな話を長々と聞きたくはないですよね。その気持ちは痛いほどよくわかります（笑）。

そんなとき、皆さんはどうしていますか？

「でも、世間一般的には◯◯ですから」と言って、相手が納得してくれるのを待つでしょうか。もちろん相手がそれで納得してくれるなら、それでよいでしょうが、そう簡単に相手は引き下がらないはずです。

それは、相手としては自分の話や考え、感情、気持ちを聞き入れてもらっていないと感じるからです。そして、共感してくれるまで相手は同じ話を繰り返すことが多いのです。これでは結局、交渉時間の短縮もできませんし、相手に納得してもらうこともできません。

逆に、相手は「私（僕）の言いたいことを全然わかってもらえない」との不満をつのらせるため、かえって問題をこじらせてしまうこともあります。何よりそのとき、あなたもストレスを感じるでしょう。

僕も弁護士として、日々ご依頼いただいた紛争案件の交渉を行っています。

紛争は、離婚や相続、金銭トラブルなど紛争当事者の感情が激しく揺れ動く事案が多いです。そのため、依頼者の中には、紛争の要因となった事実関係や相手方の提示する条件・主張に対して感情的になり、思いつく限りの請求や言い分を相手にぶつけないと気がすまない方もいたりします。

そんなとき、一般的に考えて度を越えた請求や主張をする依頼者さんに対して、「常識から離れているので無理です」とか、「これまでの裁判例や現在の裁判実務を踏まえるとそれは難しいです」と言ったところで、依頼者さんは納得されないのです。

では、どうしたらよいのでしょう。それは、相手をさとす前に、その人の言いたいことをとにかく「聴く」ことに尽きます。

聴くときは、常識に照らした価値判断や相手へのジャッジは不要。相手の言っている表面的な言葉に惑わされるのではなく、その裏に潜んでいる相手の感じていることが何なのかを探るのです（「聴く」というきき方は、次項で詳しく紹介します）。

そして時には、相手の言っていることに対して「それについてもう少し詳しく教えてくれませんか？」というように質問してみるのです。すると相手は、「この人は自分の言っていることを聴いてくれ、受け入れてくれる人だ。自分のことに興味を持ってくれる人だ」と感じてさらに本音を話してくれることが多いのです。

するとどうなると思いますか？

自分の話を聴いてくれたと感じた相手は、こちらの話にも自然と理解を示してくれるようになるのです。それが交渉であれば、お互いが納得できるような解決策、結論に向けてスムーズな話し合いができるようになるでしょう。

このように、いったん常識を横に置いて相手の言いたいことを聴くことは、会話や交渉をスムーズに進めるための時間短縮術でもあるのです。

ここがポイント　とにかく「聴く」を実践する

2 話を「聞く」と話を「聴く」の違いを知ろう

相手との交渉の際、話のきき方はとても重要です。

そして、相手の話を「聞く」のと、相手の話を「聴く」のとでは天と地ほどの差があると思います。前項でも、話を「聴く」ことの大切さをお伝えしました。

話の「聴き方」を身につけることで、自分の望む結果を引き寄せる交渉をつくり上げていくことができるようになります。

では、話を「聞く」のと「聴く」のとでは、何が違うのでしょうか？

少し抽象的になりますが、相手の話を「聞く」とは、あなたの関心の対象が自分に向いているのに対して、「聴く」は、あなたの関心の対象が相手に向いているという点で大きな違いがあると思います。

もう少し具体的に言いますと、**「聞く」というのは相手の発した言葉の内容をこれまでの自分の知識・経験に落とし込んで表面的に理解する作業であるのに対して、「聴く」と**

いうのは相手の発した言葉だけではなく、その言葉を発したときの相手の表情、声質、雰囲気、言葉に乗っている感情、エネルギーなどに関心を持って相手の状態を理解しようとすることです。

皆さんは、どちらが相手に寄り添ったきき方だと思いますか？

「聞く」よりも「聴く」ほうが、交渉相手が「この人は自分の深い本音や本心、感情に寄り添い、承認してくれているな」と感じて、より心を開いてたくさん話してくれるようになるとは思いませんか？

逆に「聞く」というきき方をすると、場合によっては自分が慣れ親しんでいる世界観の範囲で人を理解しようとするあまり、自分の正義感や価値観から相手のことを言語あるいは非言語でジャッジしてしまうというリスクが出てくるのです。

弁護士は、事案が無駄に長期化しないように類似案件の裁判例や文献、書籍を参照しながら事件の見通しを立て、争いの相手方はもちろん依頼者にも見通しを伝えたうえで、話し合いでの解決を目指します。

でも、それだけでは事案の当事者（相手方と依頼者）は感情的にも納得してくれるとは限りません。しかも、弁護士が当事者の話してくれることを「聞く」だけに終始して事案処理を進めようとすると、当事者の感情は置いてきぼりのまま、話し合いは暗礁に乗り上げ、進展が見られない状態が続くことすらあります。

一方、「聴く」というきき方を実践すると、当事者は弁護士が自分の感情を共有してくれたことで内面が満たされて冷静を取り戻してくれます。

事件の解決と感情処理を分けて考えてくれるようになるのです。そうすると、いびつな妥協をすることなく本当の意味で交渉を丸くおさめることができるようになるのです。

この聴き方を実践するためには、以下のことを心がけるようにしてください。

① 世間の常識に固執しない

◌「聞く」ではなく「聴く」ように

②　あなた自身のダメな部分にもマルをする（自己受容）
③　あなた自身が悲しみ、恐怖、不安、怒りという感情を抱くことを許可する
④　時間短縮や合理性といった考えを脇に置く

まず、世間の常識に固執してしまうと交渉相手の言っていることが少しでも常識から離れているだけで交渉相手のことをジャッジしてしまい、それ以上聴こうという意識が持てなくなってしまいます。

次に、あなた自身のダメな部分にもマルをすることができると、交渉相手のダメな部分を受け入れたり理解を示すための土台ができるようになります。

そして、悲しみや恐怖、怒りといった人間に備わった感情を抱くことをあなた自身に許可すると、交渉相手が同じような感情を抱いていることもごく普通に受け入れることができます。

さらに、交渉時間を短くしようと考えたり、合理的に進めようという気持ちを脇に置くと、交渉相手の気持ちに寄り添う意識が前面に出て、「聴く」姿勢が整います。

ここがポイント

相手の気持ちに寄り添う

3 自分の損得は考えず相手の言うことを聴こう

交渉では、誰もが自分の希望や条件を相手に受け入れてもらいたいと思っています。そして、実際に希望や条件を伝えなければ相手には理解してもらえませんし、自らの希望を実現することもできません。ですから、自らの要望を相手に伝えるというのは交渉の本質だと思います。

でも、だからといって、自分の希望を伝えるだけ伝えて、あとは交渉相手の考えや気持ちにまったく耳を傾けなかったり聞き流してしまったら、どうなるでしょうか？

皆さんの周りにもそのような人はいませんか？

とくに自分の状況が切羽詰まっているときなどは、相手の話をまったく聞いていなかったり、聞いているふりをして相手の話に興味を示していなかったり、少しだけ話にうなずいて、すぐに自分の話をしてしまう人は意外に多いと思います。

とにかく自分の言いたいことを伝えたい、わかってもらいたいという気持ちが先走ってしまい、相手の話に耳を傾けられなくなってしまうのです。

例えば、アパートの部屋を貸していた貸主Aさんが、借主のBさんに家賃の値上げを申し込んだとします。

借主Bさんとしては生活費を切り詰めてギリギリで借りてきたのに、いきなり家賃を上げられても困ると伝えました。一方で、貸主のAさんとしても様々な物価が上昇しているため現在の賃料ではやっていけないという事情があります。

このようにお互いの利害が対立しているとき、貸主Aさんが自分の利害や得失を借主Bさんにどれほど伝えたとしても、Bさんが考えを転換することはありません。

むしろ、借主Bさんは貸主Aさんに対し「こちらの事情をわかってくれない」と感じて、関係が悪化することすらあります。そうなると、どちらが正当なのかを明らかにしようと裁判や調停などで意見や主張を戦わせることになり、余計に時間とお金を費やしてしまうことになるのです。

いかがですか？　自分の言い分、考えのみを伝えるだけ伝えて、相手の声に耳を傾けないと、結果が良くならないのはもちろん、時間とお金が無駄になるなど、もったいない結果になる可能性が高くなるのです。

交渉相手には、聴き手であるこちらのそうした態度は、言語、非言語によって伝わっています。そうなると、先ほどから述べているように、相手は「自分の話を聞いてもらえていないな」「自分には関心がないんだな」と感じてしまい、あなたの話にも理解を示してくれなくなくなります。

大切なのは、まずは交渉相手の話を聴くことです。

まず、あなたが「聴く」、つまり与えるのが先なのです。

いったん自分の利害や考えを脇に置いて、相手の言いたいことを聴いてみるのに、何か不安や不都合がありますか？

相手の言い分だけが通って、自分の意見や考えが通らないのではないか、そんな不安がよぎるかもしれません。でも、そんな心配はしなくても大丈夫です。

あなたが交渉相手の言いたいことをしっかり聴いたならば、交渉相手もあなたの伝えたいことをしっかり聴いてくれます。

自分の利害は横に置いて相手の言いたいことを聴く。ぜひ、試してみてください。

ここがポイント　先に相手の話を聴く

4 相手の話を正そうとしてはいけない

職場やプライベートの知人に、こんな方はいませんか？

誰かから悩み相談、あるいは日常での出来事の報告を受けたりしたとき、頼まれてもいないのに相談者の間違いや勘違いを指摘して、自分が正しいと思うことを伝えたり、やたらとアドバイスしてくる人が。

僕は20代の頃、東京都内のカフェバーでバーテンダーのアルバイトをしていました。そこではいろいろな人間模様を垣間見ることができ、とてもよい経験をさせてもらいました。

カフェバーでは、馴染みのお客さんや、常連さんが連れてきたお友達等がカウンターに座って、お酒を飲みながら話をしています。

常連さんはみんな仕事帰りに一杯引っかけて帰るのですが、お互い毎日のように顔を合わせています。今日の出来事を話したり、テレビから流れてくるニュースが話題になったり。

その常連さんの中に、何かにつけて別のお客さんの話を聞いては「いや、それはおかしいよ。本当は△△なんだよ」とか、「君は○○だから、失敗するんだよ。そうじゃなくて□□しないとだめだよ」みたいにお説教にも近いアドバイスや返答をしている方がいました。それもほぼ毎日（笑）。案の定、相手のお客さんからは煙たがられていました。

こうしたことをする人は、相手のために良かれと思って指摘をしたりアドバイスをしているのだと思いますが、じつは相手のことを思っているのではなく、単に自分が相手の役に立ったという満足感を得たいだけだったり、場合によっては相手よりも少し上の立場に立ちたいと思っているに過ぎなかったりします。

ちょっと言い方が悪いですが、相手の方にとってはありがた迷惑となっていることも多いのです。

話している人は自分の話を聴いてほしい、そういう自分を肯定してほしいと思っているのに、そこを無視して単にアドバイスや指摘をしたりすると、自分のことをわかってくれようとしていないと思ってしまうのです。

では、指摘やアドバイスをしたあとで、相手のことを認めればいいのでしょうか？

そんな簡単な話ではありません。一度、自分が受け入れてもらっていないと思ってしまうと、リカバリーには時間がかかります。あとで相手を肯定するような言葉がけをしても、相手はあなたの言うことが耳に入ってこないものなのです。

だから、**最初が肝心**なんです。

人から承認されたい、人から肯定されたいというのは人間の自然的・本能的欲求なので、これは誰もが持っている欲求です。人は、自分の話を聴いてもらえ、認めてもらえたら嬉しいですし、心は満たされます。

交渉のときも同じことがいえます。

相手の話していることを正そうとしたり、やたらとアドバイスしたりするのは、逆効果です。

自分の中でのマイルール、あるいは知識・経験、正義感を交渉相手に押しつけるような言い方をしてしまうと、相手はあなたに対してネガティブな印象を持つ可能性が高くなります。そんな素振りはあなたには見せないかもしれませんが。交渉相手はあなたに肯定されること、尊重されることを望んでいるのです。

ここがポイント

最初から相手を肯定する

5 たたみかけるように たくさん質問してはいけません

何かの話をしていると、次々と質問をして勝手に自分で解釈して、自分で納得してしまうような人がときどきいます。僕自身もそのような聞き方をした経験があります。逆にされた経験もあります。

自分の得たい情報だけを相手から吸い上げ、相手の話したいこと、思っていること、感じていることにはアクセスできていない状態です。ですから、「聴いている」のではなく「聞いて」しまっている状態です。

職場や友人などはもちろん、聴くことが仕事の弁護士やカウンセラーにもこういう方はいます。

僕の失敗例を紹介します。

弁護士になってから5年経過して、独立して自分の事務所を運営しはじめたころのことです。当時は顧問料などの固定収入もない時期で、何とか売上げを伸ばさなくては、と気合いの入っていた時期でした。不貞行為の慰謝料請求をしたいと法律相談にいらしたご相談者さんと面談したときのことです。

僕としては依頼を受けるべき案件かどうか、受けるとして弁護士費用をいくらに設定すれば相談者に納得してもらえるかが気になって仕方ありませんでした。

そのため、ご相談者の心情などに対する配慮が足りておらず、事件処理に関係のある事柄ばかりを次々に質問してしまいました。

もちろんそれらの質問はいずれはしなくてはならないのですが、結局、このような矢継ぎ早の質問は功を奏することはなく、ご相談者が僕に依頼することはありませんでした。

弁護士としては数ある案件の1つかもしれませんが、ご相談者さんにしてみれば自分の人生に降りかかった重大事件です。その意識が当時の僕には欠けていたのです。依頼者さんである前に、一人の人間として相手の方の心情に寄り添った聴き方をすべきだったと反省しました。

交渉相手とのラポール（信頼関係）を築くためには、交渉相手が思っていること、感じていること、考えていることを自ら伝えてくれるような状態をつくる必要があります。情報を集めたい気持ちから矢継ぎ早に様々な質問をすることは、そのような状態をつくるのに足かせとなってしまいます。

気弱な方や口下手な方であっても、とくに商談の場などでは焦ってやってしまいがちなので、気をつけてくださいね。

相手の人がどのような気持ちでいるんだろう、という点に意識を向けることができていれば、うまく質問ができなくても、急いで情報を集めなくても大丈夫なのです。

相手の方の気持ちに意識を向けていれば、必要な情報は必ず交渉相手のほうから話してくれるようになります。

ここがポイント

相手の気持ちに意識を向ける

6 安易に同意や同感を示すのは基本的に避けよう

「意気投合」という言葉があります。文字通り、相手と意見も気持ちも一致し、とてもスムーズなコミュニケーションが取れる状態のことです。

こうしたときは、「僕も同意見です」とか、「私もそう感じていました」というように、同意・同感を示す言葉をバンバン使っても問題ありません。

でも、交渉にも様々なシーンがあります。

双方の意見や主張に大きく食い違いがあるケース、感情のもつれに端を発しているケース、相手が負の感情にさいなまれているときなど、スムーズに進まない場合も当然にありますよね。

とくに、プライベートでの交渉や自分自身がしているビジネスの交渉など、自分の利益に直接関係がある交渉事ほど、自分の意見や主張にこだわりがちだと思います。そして、そのようなシーンでの交渉こそ、どうしたらうまく運べるのかと悩んでいるのではないで

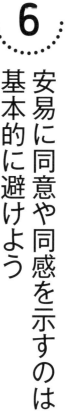

しょうか。

次の例を見てください。

デザイン会社のA社は、アパレル会社のK社が立ち上げる新規事業のロゴデザインの依頼を受けました。

A社とK社は何度か打ち合わせを重ね、あとは値段と納期の設定というところまで来ましたが、値段と納期設定の打ち合わせの際に提示してきたK社の条件（40万円）がA社としては納得がいきません。

A社：「もう少し金額を上乗せしてもらえないでしょうか。御社のご希望内容と納期までの時間を踏まえると、60万円でお受けしたいところなのですが」

K社：「当社はA社さんのサイトの料金表を見てご連絡したのですが…。サイトには40万円と書いてありますよね？」

A社：「サイトにはそう記載されているのですが※、その料金は大体□□時間の作業時間を目安にしているのです。今回の案件は◇◇時間はかかるであろう案件ですので、60万円でご了承いただきたいのですが」（※割と見やすい大きさで書かれている）

K社：「もっとわかりやすくサイトに記載しておくべきだと思うのですが、いかがですか？社長も40万円だと思っているので…、何と説明すればいいのか」

A社：「表示については、私もそう感じております。以後、わかりやすく記載するよう気をつけてまいります」

こうしたケースでは、交渉相手の言ったことに対して簡単に同意・同感を示すのは避けましょう。

なぜなら、簡単に同意・同感を示すと交渉相手は「自分の言ったことに賛同してもらえた」と思ってしまい、あとからあなたが会社としての見解を伝えたとしても「あのとき賛成してくれたじゃないですか」と言われ、交渉が難航してしまうからです。

加えて、あなたが簡単に交渉相手に同意・同感を示したとしても、交渉相手が満足するわけではありません。**同意・同感は自分の考えや、気持ちに焦点が当てられているに過ぎず、交渉相手の気持ちや内面に寄り添えているかというと、決してそうではない**んです。

先ほどのように「私もそう感じております」というフレーズは、自分がどう感じているかという視点で伝えていますよね。つまり、自分の考えや気持ちに焦点が当てられていて、相手に当てられていないのです。

ここで大事なのは、同意・同感ではなく「共感」です。「共感」と「同意・同感」は違います。共感は、相手の意見・心情、感情に焦点を当てたアプローチです（135ページ参照）。

この例で言えば、K社の担当者は40万円と思っている社長に何と説明すればよいのかと悩んでいます。とすると、この担当者さんがA社のサイト表示に怒っているのは表面的な感情で、本当は社長から怒られるのではないかと不安がっているのだなと推察できます。

A社としてはK社の担当者に「そうですよね。それは不安ですね」と思いを重ねてあげ、「私もあなたと同じ立場だったら、同じように感じるかもしれません」などと伝えると共感していることが伝わるでしょう。

そして、60万円が妥当な金額であることの資料等の提供や、A社から社長への説明など、対応できる方法を提案できる可能性も生まれてきます。

このように、**交渉においても同意・同感をベースに話し合いをするより、「共感」をベースにしたやり取りをする**ように心がけると、解決の糸口が見つかるのです。

ここがポイント

同意ではなく共感ベースで

7 解決策を提示したりせず相手の状況を知ろう

ビジネスの交渉でもプライベートの交渉事でも、あなたの状況を十分に聴いてもらう前に、相手から何らかの解決策を言われたり、押しつけられたりした経験はありませんか？　あるいは逆に、あなたが交渉相手に対して、すぐに解決策を提示してしまい、交渉が不調に終わったという経験はないでしょうか？

交渉の際は何をさておき、相手はあなたに話を聴いてほしいと思っています。それなのに、まだ話を十分にしておらず、双方の物事の整理や感情の整理がついていない段階でいきなり解決策を示されると、提示された側はとても違和感を感じます。

もちろん提示した側としては、自分の経験・知識からこうすれば解決できるという解決策が見えているので、これを早く伝えて効率よく交渉をまとめようと、「こうすればいいんじゃないですか」とか、「○○したほうがいいですよ」といった解決策やアドバイスを言いたくなるのです。その気持ちもよくわかります。

あなたが提示した案に交渉相手が理解を示してくれなかったり、何かモヤモヤしていたりすると、逆に「何で信じてくれないんだよ」「何でわかってくれないのかな」と歯がゆい思いをしたりしますよね。

例えば、普通の「悩み相談」や「カウンセリング」などを考えてみてください。相談者は、相談相手にまず「自分の状況をわかってもらいたい」と思っています。ですから、相談を受けた側としては、自分が持っている解決策やアドバイスをすぐに提供するのではなく、まずは相談者の状況を把握することに努めるのが基本です。

ビジネスやプライベートの交渉も同様です。交渉の場面では、いずれ自分の考えや条件提示、解決策の提示、あるいは売りたい商品を勧めたりする必要はありますが、それでもやはり**最初にするべきは交渉相手の状況を把握すること**でしょう。

あなたがこのスタンスを確立できていれば、交渉相手の話す内容をしっかりと聴くことができ、そのうえで持っている解決策を「こういう解決策もありますよ」と交渉相手に伝えることができます。

この段階を経ることではじめて、交渉相手はあなたが示した解決策に関心を持ってくれます。そしてその提示を受け入れてくれるようにもなるのです。

ちなみに、交渉相手の状況把握やスムーズに解決策の提示をするのにとても役立つアプローチが「コーチング」です。

コーチングは、相手の「現状」と「理想の状態」のギャップを認識し、そのギャップを埋めるためにどういう手段があるのかを、相手の話を聴いていくことで相手自身で見つけ出し、実行してもらうためのスキルです（解決策を与えるだけなのはティーチングです）。

交渉相手の現状をしっかりと傾聴したうえで、この**交渉相手の理想とするところ、欲していることは何なのかという「理想の状態」を聞き出し、そのギャップを認識してもらい**

よーく聴いてから解決策をお伝えしよう

ます。

そして、そのためにはどういう策があるのかを交渉相手にも意識してもらうのです。その段階でこちらから解決策を手段の１つとして紹介すると、相手は受け入れやすくなるというわけです（実際のコーチングではアドバイス等は行いません）。

商談などでも同じことが言えるのだと思います。

お客さまの抱えている悩み、その背後にある感情をそっちのけにして、ただ解決策として自分の商品やサービスを提示し、販売しようとすると、お客さまの悩みや感情に寄り添っていることにならず、お客さまは信頼して商品・サービスを買ってくれません。

お客さまがどんなことに不足を感じていて、どうなったら満足するのかという理想をしっかり把握した後、理想の状態を得るためにこの商品がこのように役立ちます、と解決策を提示されたとき、はじめてお客さまは「買わせてください」と購入に踏み切るのです。

ここがポイント

話を聴くと解決策も受け入れられる

8 聴くときは、決めつけや評論、分析をしないように

交渉の際にやってしまいがちなのが、交渉相手の話を聞いているときに、こちらの主観で勝手に相手の話の内容を分析したり、決めつけや評論をしてしまうことです。

その分析結果を交渉相手に言ってしまう人も中にはいますし、心の中で分析・評論を繰り広げている人もいます。

人は人生の過程で様々な教育、経験、知識の習得をして、その人なりの価値観・人生観・倫理道徳観を身につけていきます。

それは、その人にとっての「これってこういうものだよね」といった前提・ルールみたいなものになります。そのため、交渉相手の言った内容を自分の前提・ルールに当てはめて、相手の人となりや人格、思想を決めつけたり評論するなどのジャッジをしてしまう傾向があるのです。

例えば、交渉相手が愚痴っぽかったりクレーマータイプであったり、少し意地の悪いところのある人だった場合を想定してみてください。

我々は、幼少のときから「人の悪口を言ってはいけない」と教えられてきたり、日頃から「ポジティブシンキングを心がけよう」といった刷り込みをされていたりします。

そうすると、交渉相手の愚痴っぽいところや、クレーマーっぽい発言、ネガティブな言葉じりに過度に反応し、「この人はちょっと面倒な人だ」とジャッジしたり、「この人は▲▲と考えているから、□□という結論になってしまうんだよ。うまくいかないのはこの人のそういうところが原因なんじゃないかな」というような分析・評論をしてしまいがちです。

具体例として、弁護士と遺産分割の依頼者であるAさんとの話し合いを挙げてみます。

2人は受任者（弁護士）と委任者（Aさん）という立場ですが、今後どのような事件処理をするかについての2人の間での話は、まさに交渉です。

Aさんは実家でずっと親の面倒を見てきました。Aさんは事件の相手方である妹のBさんと仲が悪く、BさんがAさんと同じ相続分の割合を主張していることに納得できず、弁護士の前でもBさんの文句を言っています。

「昔からBは何でも人にばかりやらせて、のほほんとしていたんですよ。で、自分の取り分はきっちりもらって」と、弁護士に言っています。

このようなとき、話を聞いている弁護士としては「ああ、Aさんのそういう性格が兄弟仲を険悪にさせてるんだな」と決めつけたり、分析したりしがちです。

そんなふうに思っていると、「お気持ちはわかりますが、親御さんのお世話をAさんがもっぱらしてきたというだけでは、Aさんの取り分をBさんよりも多くすることはできませんよ。今回は寄与分も認められないでしょうし、均等割合で分けて遺産分割協議を早く終わらせましょう」というような、通りいっぺんのアドバイスや提示をしてしまうことになりかねません。

Aさんとしては「この弁護士さんは自分に寄り添ってくれていない」と思い、信頼関係が構築されないまま精神的にも協議結果にも満足できない、という結末を迎えることになるのです。

このように、自分の主観で相手の状況を勝手に判断してしまうと、その人の話に耳を傾けることができなくなりますし、共感をすることもできなくなります。交渉相手も聴き手のそういう態度を感じ取って、思っていることや考えていること、そして感じていることを伝えなくなってしまうのです。

何も自分の主観を持ってはいけないと言っているわけではありません。相手の話を聴いていると、「それは、そうなるよね」と分析してしまうことはあります。

ただ、一番大事なのは交渉相手とのラポール（信頼関係）です。

交渉相手が自分の考えていること、思っていること、感じていることを話してくれるようになるには、相手が話すことに対する決めつけや分析・評論は完全に邪魔になります。

ぜひこのことを頭の片隅に置いて話をするようにしてください。

決めつけ、評論、分析を避け、相手の話とその背景に意識を向けて交渉相手の話を聴くようにすると、相手は喜び、信頼関係はバッチリ保たれます。

ここがポイント

決めつけは交渉をさまたげる

9 笑いや冗談に逃げるのはNG 無理につくる笑顔もいりません

交渉の相手が真剣な話をしているときに、笑いや冗談に逃げるような返し方をしてしまう人も中にはいます。

気が弱かったりすると、なおさら笑いの方向に持っていってしまうこともあるでしょう。

当然ですが、このような対応は人の話の聴き方としてはNGです。

相手は聴き手にそのような対応をされると、「ちゃんと聴いてくれているのだろうか」「この人で本当に大丈夫だろうか」と不安な気持ちになったり、「馬鹿にされているような気がする」と気分を害してしまったりします。

そうなると、そこで交渉相手との信頼関係は崩れ、その後の交渉はもちろん、コミュニケーションすらとれなくなってしまいます。

結果としてビジネスに大きな痛手となることだってあるでしょう。

せっかく交渉相手から情報を提供してもらっているのに、これではあまりにもったいないですよね。

交渉相手の話に笑いや冗談で返してしまうのは、あなたが交渉相手が持ってきたその話題をどのように受け止め解決したらいいかわからず、苦しまぎれに対応しているに過ぎない可能性があります。

大切なのは交渉相手との感情の共有ですから、聴いているあなたが交渉相手の問題を必ず解決しなくてはならないわけではありません。にもかかわらず、交渉相手から伝えられた問題を解決できない事態に直面するのを避けたくて、冗談や笑いに逃げてしまうのです。あるいは「重い雰囲気のままではいけない」「空気を明るくしなくてはいけない」と思うあまりに、冗談や笑いに逃げるというケースもあります。

僕が弁護士になりたて１年目の頃の話をさせてください。

それまでの僕は、飲食店のアルバイト経験しかなく、就職した経験も事務職でのアルバイト経験もありませんでした。

最初に雇ってもらった弁護士事務所で担当した事件が人生初の事務の経験となりました。その法律事務を進める際、事件の依頼者と何度か電話でお話をする機会がありました。

実務経験もなく、取扱い分野の知識・経験もまったくなかったので、依頼者さんからの質問や相談に毎回ドギマギしていました。

そんなとき、依頼者さんと今後の進め方に関して折衝をしている最中、依頼者さんからの質問に対する返答の際に自然と「フフッ」と鼻で笑ってしまったのです。

僕は何度かそれを繰り返していたようで、依頼者さんは「先生、その鼻で笑うのやめてもらっていいですか？」と僕に言ってきました。そんなことが、弁護士1年目で2回ほどあったと記憶しています。いま思うと、本当に恥ずかしい話です。

ちなみに、無理に笑顔で交渉相手と接することもしないでください。「和やかな雰囲気をつくらなくてはいけない」とか、「明るい雰囲気をつくらないと先方も快諾してくれないかも」などと思って、無理に笑顔をつくると、交渉相手には「この人ビビってるな」とか「不安なんだな」と見透かされてしまいます。

交渉相手にそう思われてしまうと主導権は相手に握られがちになるので要注意です。

もちろん自然と笑顔が出ている分にはいいですよ。**変に場の雰囲気を明るくしようとしたりせず、聴き手は聴き手の状態でいればよい**のです。

ここがポイント

とにかくフラットに聴く

10 「聴く」ためにアクティブリスニングを使おう

これまでは、交渉における「聴き方」とともに、「やってはいけない聴き方」を解説してきました。

では具体的に、交渉相手の話はどうやって聴けばよいのでしょうか？

ここでは、「アクティブリスニング」という聴き方を紹介します。アクティブは、「積極的、能動的」といった意味ですよね。

アクティブリスニングをひと言で言うと、交渉相手に「この人は自分の話を受け入れてくれている。共感してくれている」と感じてもらえるような働きかけをする聴き方のことです。

そのような聴き方ができると、交渉相手はあなたの話にも耳を傾けてくれるようになりますし、あなたと友好的に交渉を成立させたいと思ってくれるようになるのです。

以下の３つの聴き方をご覧ください。

望ましくない聴き方が×、アクティブリスニングの例が○です。

〈見込顧客であるA社と弁護士のやり取り〉

A社社長：「いま、弊社が依頼している顧問のB弁護士がなかなか連絡のつかない人で困っているんです。B先生も忙しいのかもしれませんけど、我々としても早めに回答をもらいたいので、どうしたものかと…」

弁護士C：

×「連絡がなかなかつかない弁護士はやめたほうがいいですよ。すぐに別の弁護士に乗り換えたほうが御社のためです」

○「現在の顧問弁護士さんとなかなか連絡がつかないんですね。御社としても急いでいるのに、顧問弁護士がスピーディに対応してくれないと非常に不安なことと思います」

〈納期交渉でのA社とB社のやり取り〉

A社：「弊社の大口の取引先から商品のリリース時期を早めてくれとの要望があったので、当初の6月6日より5日早めて6月1日を納期限とすることはできませんでしょうか？」

B社：

×「当社の人員数や設備では、6月1日までに仕上げるのはちょっと難しいかなと。当初の期限で何とかならないでしょうか」

○「御社の取引先様からリリースを早めてほしいとの要望があったのですね。大口のお客様であれば、その要望に応えたくなるのはとても理解できます。一方で、予定していた人員数や使用設備が当初のままで6月1日までに仕上げるのが可能なのかどうか、一度、協議をさせていただけますでしょうか」

〈夫婦間での小さな交渉〉

妻：「今度の月曜日、仕事場へ行くのに車を使いたいんだけど借りていい？　その日はハロウィンだから電車が混みそうなのと雨予報だから電車移動が憂鬱なの」

夫：

×「えー、その日はもともと俺がゴルフで車使うって言ってたのに。我慢してよ」

○「そっかハロウィンか。雨と重なると、より一層電車内が混雑しそうで嫌だね。ただ、その日はもともとゴルフの予定で車使うって君にも言ってたしなー」

いかがですか？　アクティブリスニングと望ましくない聴き方の両方を挙げてみました。

■アクティブリスニング3つのポイント

1　相手言っていることを「繰り返す」

2　相手の言ったことを「まとめる」

3　相手の「気持ち・感情をくむ」

アクティブリスニングの概要が何となくわかったでしょうか。

望ましくない聴き方の例とあわせて見てみると、どちらの聴き方が話し手にとって心地良いかは一目瞭然ですよね？

アクティブリスニングの骨子は次の3点です。

①交渉相手の言っていることを「繰り返す」
②交渉相手の言ったことを「まとめる」
③交渉相手の「気持ち、感情をくむ」

①と②で、「あなたの言ったことを理解していますよ」と交渉相手に示すというイメージですね。

たんなるオウム返しでも悪くはないですが、聴いた内容をまとめて伝えたほうが、相手はより「聴いてくれている」と実感するのです（まとめるのが難しいときはオウム返しでもいいです）。

そして③で、言葉の裏側に潜んでいる交渉相手の感情、気持ちをくみ取ろうとする姿勢が伝わると、さらに効果的です。

交渉相手が悩んでいるときやネガティブになっているとき、商談などビジネス上の交渉を行うとき、アクティブリスニングはとても効果的です。

相手に意見やアドバイスをしてはダメだということではありません。ただ、最初に交渉相手に寄り添い、共感していることを示す聴き方ができれば、相手もよりスムーズにあなたの考えや希望に耳を傾けてくれるのです。

聴き手がアクティブリスニングをすると、話し手は自分の悩みを解決したり、何らかの結論を出す際の主導権が自分に渡っていると感じやすくなります。反対に、意見やアドバイスを聴き手が押しつけたときは、それらの主導権がないと感じてしまいます。

アクティブリスニングは、交渉相手の承認欲求を満たしてあげられる素敵な聴き方です。交渉のときに限らず、いつでも実践できるようになってください。

ここがポイント

「繰り返す」「まとめる」「気持ちをくむ」

11 相手の言葉を「繰り返す」聴き方を身につけよう

アクティブリスニングの骨子は、①交渉相手の言っていることを「繰り返す」、②交渉相手の言ったことを「まとめる」、③交渉相手の「気持ち、感情をくむ」、の3点だと前項でお伝えしました。

ではもう少し詳しくその3つを見ていきましょう。ここでは、「①交渉相手の言っていることを『繰り返す』」を見ていきます。

なぜ、交渉相手の言っていることを繰り返すのが大事なのでしょうか？　それは、交渉相手の言うことを繰り返すことで、「この人（聴き手のこと）は私の話を聴いてくれている」と相手が安心するからです。

「そんなに簡単なことで効果があるの？」と思われるかもしれません。でも、そんなに簡単でいいんです（笑）。なぜなら、交渉で最も大事なのは共感なのですから。

交渉相手の言っている言葉を繰り返して、交渉相手の気持ちや感情がどのようなものか

を意識して話を聴くだけで相手は満足するのです。

でも、簡単なことなのに、それができている聴き手はとても少ない印象です。

なぜできないのでしょうか。

おそらく、相手に対して「何か役立つことを言わなければいけない」とか、「気のきいたことを言わなくちゃいけない」「自分の持っている解決策でこの人をいい方向に導きたい」という変な使命感や承認欲にも似た気持ちがあるからではないでしょうか。

でも、94ページでも述べたように、そうした気持ちのまま交渉相手に解決策を提供しようとしても、その言葉は相手に届かず、上滑りしてしまいます。

なぜなら、そうした案は相手に寄り添っていないものだからです。言ってしまえば、自己満足のために人の話を聞いている状態です。

ある意味、とても傲慢なことだと思いませんか？

それに比べて、相手の言葉を繰り返す聴き方は、それだけで交渉相手に満足してもらえます。「この人は聴き上手」と思ってもらうことができ、信頼してもらえるのです。

この聴き方は、日常会話でも悩み相談でも、もちろんビジネス上の交渉時でも効果を発揮します。例えば、こんな場面です。これも×の例と◯の例を紹介しましょう。

〈会社の上司との会話〜パターン1〉

上司A：「来週の月曜日までに○○の資料をつくっておいてくれないかな。来週半ばまでに部長に提出だから、それまでに確認しておきたいんだ。この資料、K君に任せてたんだけど、K君体調不良が続いていてね」

あなた：

×「いや〜、結構きついです。僕も手持ちの仕事がかなりあるので、Cさんに任せるとかどうですか？」

○「Kさん体調がよくないんですね。○○の資料も来週の半ばまでに部長に提出ということだと、月曜にはA課長も確認できていないと困りますよね。ただ、自分の手持ちの仕事と並行してだから、大丈夫かなー」

〈会社の上司との会話〜パターン2〉

上司A：「来週の月曜日までに○○の資料をつくっておいてくれないかな。来週半ばまでに部長に提出だから、それまでに確認しておきたいんだ。この資料、K君に任せてたんだけど、K君体調不良が続いていてね」

あなた：「いや〜、結構きついです。僕も手持ちの仕事がかなりあるので、Ｃさんに任せるとかどうですか？」

上司Ａ：

×「Ｃさんはダメだよ、最近入りたてだし。君しかいないんだ。頼むよ」

○「そうか。君も手持ちの仕事たくさんあるのか。それにプライベートの時間も削られてしまうと辛いよね。○○の件は君も内容を知っているし、最近入りたてのＣさんだとちょっと荷が重過ぎると思ってさ。ちなみに、手持ちの仕事ってどれぐらいあるのかな？」

どうですか？　交渉相手の言葉を繰り返すだけなのに、×の例と比べて雲と泥くらいの差がありませんか。

相手は、「自分の話を聴いてくれている」と感じやすくなりますし、同時に次のワンフレーズを言いやすくなります。会話が続くとともにより多くの情報を交渉相手から引き出すことも可能になります。交渉相手の言葉を繰り返す聴き方、まずはやってみてください。

ここがポイント

「繰り返し」をすると会話が続く

12 相手の言葉を「まとめる」聴き方を身につけよう

次は「②交渉相手の言ったことを『まとめる』」です。

ただし、「まとめる」といっても、まとめ過ぎはよくありません。交渉相手に「雑にまとめられた」と思われてしまいます。

「要はこういうことでしょ」的なまとめ方ではなく、あくまで交渉相手が「自分の言ったことが受け入れてもらえているな」と安心できる程度にまとめてあげることが大事です。

そのためには、**①話し手の言った言葉を過度にまとめ過ぎず、かといってまったく同じにはならないように、②話し手の言葉を別の言葉に言い換えて表現すること**を意識してください。具体例で見たほうがわかりやすいと思うので、いくつか事例を挙げてみます。

〈例1　～遺産分割協議で相続人である兄Aと弟Bとの話し合い〉

兄A：「親父のことはずっと俺が介護とか面倒見てきたし、いろいろ時間とお金も費やしてるんだから、お前との遺産分割をすべて平等にと言われてもなぁ」
弟Ｂ：
×「わかるよ。要は兄さんが親父の面倒を見てきた分、多くもらいたいってことでしょ？」
○「なるほど。兄さんとしては、親父の面倒や介護に時間とお金を使ってきたんだね。その部分を分割に反映させたほうが平等なんじゃないかと思っているということなのかな」

〈例２　～打ち合わせの日程を変更するときのＣさんとＤさんの話し合い〉

Ｃさん：「すみません。明日の19時からの打ち合わせですが、予定を変更していただけないでしょうか？　進行中の案件で急な対応をしなくてはならなくなりまして。その対応をできるのが私しかいないのです」
Ｄさん：
×「別件対応で、明日は不可ということですね。承知しました。打ち合わせは別の機会にしましょう」
○「別件で急な対応を余儀なくされているのですね。Ｃさんしか対応できないとのこと、大変ですね。ちなみに、いつであれば打ち合わせ可能でしょうか？」

K君は体調不良が続いていてね…
Kさん体調がよくないんですね

相手の言うことを「繰り返す」

明日の予定を変更していただけないでしょうか？
実は進行中の…が…でして
それが…で…なのです
別件で急な対応を余儀なくされているのですね

程よく「まとめる」

いかがでしたか？　交渉相手としては自分の状況をわかってもらいたい、受け入れてもらいたいはずです。ですから、自分の言ったことを過度にまとめられると「何となく雑に扱われている」と感じたり、まったく同じ言葉を繰り返されると「本当に聴いているのかな、棒読みしているだけなんじゃないのかな」と受け取ったりするわけです。

あなたにはそんなつもりはなくても、相手にそんなふうに受け取られてしまってはもったいないですよね。まとまるはずの交渉もまとまらなくなってしまいます。

逆に、このように**相手の言葉を程よくまとめて繰り返してあげると、話し手は自分のことを理解してもらえた、受け入れてもらえたという気持ちになります。**

そして、交渉相手の意見や主張について、少し言い換えて繰り返すことで、相手も「自分が何を考え、どう思っているのか」について整理されていくようになります。

すると、交渉相手の次なる言動、行動にも変化が生じてきます。

それまで固執していた意見や結論を手放す用意ができ、双方にとって良い位置に問題が着地しやすくなるのです。

このときあなたは、交渉相手の意見や主張を一切変えようとはしてはいません。ただ、交渉相手の鏡になって交渉相手を受容しているだけです。でも、これだけであなたの好意や寄り添う姿勢が相手に伝わるのです。すると、好意の返報性の原理が働き、相手もあなたに寄り添ってくれます。当然、交渉の結論にも良い影響があるのです。

ここがポイント

相手の主張を変えようとしたりしない

13 交渉相手の「気持ち・感情をくむ」聴き方を身につけよう

3つ目は「③交渉相手の『気持ち・感情をくむ』」という聴き方です。

気持ちや感情をくむといっても、同情しなさいと言っているわけではありません。あなたは交渉相手と同じ気持ち・同じ感情を抱かなくて大丈夫です。

あくまで、「この人（交渉相手）はいま、こういう気持ちなんだろうな」と想像したり、「そりゃ、そういう感情にもなるよな」と相手を受容するような聴き方をするということです。

そして、あなたが交渉相手のそうした気持ちや感情に気づいていることを、アクティブリスニングをすることによって相手に気づいてもらうのです。そうすると、交渉相手は「あぁ、この人は自分のことをわかってくれている」という気持ちになり、あなたのことを信頼するようになるのです。

では、どのようなフレーズを入れるとよいのでしょうか。

ここでも具体例を挙げていきます。×が気持ちをくんでいない聴き方で、○が気持ち・

感情をくんだ聴き方です。

〈具体例① 〜商談の場面〉

買い手Ａ：「御社のサービスに興味はあるのですが、費用対効果の点で不安が残っています」

売り手Ｂ（聴き手）：

×「費用対効果について気になっておられるのですね。具体的にどういった点に不安をお持ちですか？」

○「費用対効果について気になっておられるのですね。その点が明確に予測できないと不安で導入に踏み切れないですよね。ちなみにですが、具体的にどういった点に不安をお持ちか、御社の懸念点をもう少し詳しく聞かせていただけますか？」

〈具体例② 〜クレーム処理の場面〉

買い主Ａ：「どうしてこんなに商品が届くのが遅いんですか。東京から遊びに来ている孫に昨日渡そうと思っていたのに、結局商品が届く前に帰ってしまったじゃないですか！」

売り主Ｂ（聴き手）：

×「大変申しわけございません。△△様もとてもお辛いかと存じますが、じつは弊社が△△様より受注の確認ができたのが、つい２日前だったもので」

◯「大変申し訳ございません。昨日までにお孫さんにお渡ししたかったのですね。お孫さんの喜ぶお顔を見るのをとても楽しみにされていたのに、それがかなわなかったのは本当にお辛いかと思います。じつは弊社が△△様より受注の確認ができたのがつい2日前だったもので」

以上、2つの例を挙げました。

交渉相手の気持ちや感情に配慮していることがわかるフレーズを入れると、交渉相手としても「寄り添ってもらえている」とか「わかってくれている」と思うのではないでしょうか。逆にそうしたフレーズがないと、何となく無機質というか、ドライな感じがします。

聴き手としては**交渉相手の気持ちを理解しているつもりであっても、それが相手に伝わっていないと、やはりもったいないですよね。**細かいところかもしれませんが、**交渉相手とラポール（信頼関係）を築くために、相手の気持ちや感情をくんでいることを示すフレーズはとても大事**だと思います。

皆さんもぜひ意識して取り入れてみてください。

ここがポイント

相手の気持ちへの配慮は言葉に出そう

14 相手から言葉を引き出す「パッシブリスニング」を使おう

前項まで、アクティブリスニングのやり方を紹介してきました。ここでは、**「パッシブリスニング」**という聴き方を紹介していきます。

アクティブリスニングは、交渉相手の言ったことを繰り返したり、まとめたり、感情をくんだりといったように、聴き手であるあなたも、ある程度能動的、積極的に（アクティブに）関わっていく聴き方でした。

パッシブリスニングは反対に、交渉相手の言ったことに口をはさまず、とにかく相手から言葉を引き出すための聴き方です。パッシブとは「受動的」という意味です。

交渉相手は時として、「とにかく自分の話を聴いてほしい。わかってほしい」と強く思ってはいるものの、なかなかうまく言葉にできない状況になることがあります。

そんなときに、あなたが「ああですか？」「それともこうですか？」と質問をしても、交渉相手は、聞かれることすら煩わしく感じたりします。

このとき相手は、「自分の感じていること、話したいことを好きなタイミングで話させてもらいたい」、あるいは「話さないでいることも許容してもらいたい」と思っています。

気弱さん・口下手さんなら、そのあたりの気持ちがよくわかるのではないでしょうか。

パッシブリスニングは、まさにそうしたときのための聴き方なのです。

この聴き方は、①交渉相手から話を引き出すのに役立つとともに、②交渉相手から思いを引き出すのに役立ちます。

「①交渉相手から話を引き出す」ための聴き方として「沈黙」（124ページ）と「相づち」（127ページ）があります。また、「②交渉相手から思いを引き出す」ためには「ドアオープナー」（131ページ）という聴き方があります。

これらの具体的な聴き方は、次項からお伝えしていきますが、パッシブリスニングをすることによって、交渉相手が内面に持っている出来事、悩み、感情などに気づけるようになり、それを聴き手に開示してくれるようになります。

「でも、そんな聴き方は悩み相談なんかのときだけで、交渉には必要ないんじゃない？」と思われるかもしれません。

そんなことはありません。

交渉の際にも相手が悩みやモヤモヤを抱えていることは当然にありますし、そもそもトラブルにならないための聴き方の1つとして身につけておくことはとても重要です。

この聴き方をする際に重要なことが、「自分の状態」です。心理学の領域では「自己一致」と言われるものです。自己一致とはつまり「自分のありのままの状態を理解し、受容して、それを隠すような状態をつくっていないこと」です。

なぜでしょう？　相手は、聴き手がどのような人であれば自分のありのままを伝えることができると思いますか？

それは聴き手が聴き手自身のありのままを受け入れて、許容できている人です。そうした聴き手に対しては、交渉相手も「ありのままの自分を出しても大丈夫」という心理的な安心感を覚えるのです。少し難しいかもしれませんが、気が弱くても話がうまくなくてもできる聴き方と言えます。

ここがポイント

「沈黙」「相づち」「ドアオープナー」

15 「沈黙」という聴き方を身につけると超有利

「沈黙という聴き方」と言われると、「沈黙していたら交渉が進まないじゃないか」と総突っ込みが入るかもしれません（笑）。もちろん、最初から最後まで沈黙を貫いて何も話さなくてよいと言っているわけではありません。

ここでお伝えしたいのは、**交渉相手の話を聴くときの姿勢の1つとして沈黙が効果を発揮するときがある**よ、ということです。

交渉もコミュニケーションですから、交渉相手の言ったことに対してこちらの思ったことや意見、希望を伝えるのが基本です。でも、つねにこの基本型で対応すればよいわけではありません。

例えば、以下のようなケースです。

①交渉相手が明らかに何かを伝えたそうだけれど、なかなか言葉が出てこないとき

こんなときは、沈黙したまま次の言葉が相手から出てくるのを待ちますよね。また、

②交渉相手が感情的になっている、例えば悲しそうだったり辛そうにしているとき

こんなときも沈黙して相手の話を聴くと思います。「相手の感情的な話をずっと聞いていたら時間がいたずらに経過するだけで何の生産性もない」と思われる気持ちもわかりますが、ここは腰を据えてじっくり相手の言動の裏に隠れている感情に寄り添ってみてください。

そして先の２つのケースでなくても、交渉相手が沈黙しているときは沈黙をしてみてください。

交渉相手からさらに話を引き出すために、あえて沈黙を続けるというのも有効な手段の１つなのです。

相手が単に沈黙している、は先の「①相手が明らかに何か伝えたがっているとき」とは少し違います。つまり交渉相手が明らかに何か言いたそうにしているわけではなくても、黙ったままでいてみるのです。

こんなとき（交渉相手が沈黙しているとき）、気にしてしまうタイプのあなたとしては「相手が沈黙しているのはもしかして自分がいけないんじゃないか」とか、「自分が話し出すのを待っているのかな。何か話さなくちゃいけないのでは」と勘ぐってしまうかもしれま

せん。

そして、とくに考えがまとまっていないまま、思ってもいなかったことや関係のないこと、ひいては自分にとって不利なことまでもしゃべってしまったり、ボロを出してしまったという経験はないでしょうか。これは非常にもったいないですね。

交渉相手は、沈黙をしていても何かを考えていたり、自分の内面と向き合っているときもあるわけで、あなたが話し出すのを待っているわけではないことだってあります。

そんなとき、あなたの沈黙は交渉相手の熟考を助け、相手の考えや真意が新たに言葉として出るきっかけになることもあります。沈黙はとても有効な聴き方なのです。

そもそも交渉相手が沈黙しているのであれば、あなたも沈黙してよいはずです。堂々と沈黙するのを自分に許可してあげてください。あなたが無理に話そうとせずありのままの自分を体現できていれば、交渉相手はきっと勝手に話してくれるでしょう。

ここがポイント

黙っていると相手の思考を助ける

16 「なるほど」「そうなんですね」の使い方を身につけよう

日常会話だけでなく、交渉時においても相手に相づちを打ったり、興味や理解を示していることをアピールするワンフレーズを入れたりすることがあると思います。こうした「相づち」もパッシブリスニングの1つの方法です。

例えば、「あー、なるほど」とか「へ～、そうなんですね」といったフレーズです。じつは、こうした**相づちのフレーズもちょっとした工夫をすることで、交渉相手との関係をさらに友好的なものにすることができる**のです。

相手も自分の発した言葉に対するあなたの反応が心地よければよいほど、いろいろ聴いてもらいたいと思ってたくさん話をしてくれるようになります。

では、話している人にとって心地のよい聴き手の反応とは、どういうものでしょうか？

以下の2つの方法は、相手に安心感や信頼感を与える反応といえます。

1　ペーシング

「ペーシング」という言葉を知っていますか。カウンセリングやコーチングでよく使われる方法です。

人は、早口な人もいればゆっくりペースで話す人もいます。また、高い声で話す人もいれば低いトーンで話す人もいます。**ペーシングとは、交渉相手の話すスピードや声のトーンに合わせて、相づちやリアクションのためのフレーズを言うことです。**

このようにすると、交渉相手は「この人の前ではそのままの自分を出しても大丈夫だ」と信頼感を持ち、安心します。結果として、あなたはたくさんの話を交渉相手から引き出すことができるというわけです。

逆に、あなたが交渉相手の話すスピードや声のトーンと「合わないな」と思い、自分のペースやトーンを守って話すと、交渉相手も同じように感じます。「何か、話しにくいな」とか「伝えてもわかってくれなさそうだな」と交渉相手が思ってしまい、うまく話がかみあわないこともあるのです。

2　ミラーリング

交渉相手に安心感を持たせ、多くを話してもらうための手法として、ペーシングの他に

スピードやトーンを合わせる「ペーシング」

表情や手振りなどを合わせる「ミラーリング」

「ミラーリング」という方法があります。

ミラーリングは、文字通りあなた自身が交渉相手の鏡となることです。つまり、交渉相手の表情や身振り手振り、姿勢などを真似るのです。

具体的には、交渉相手が悲しそうな顔をしていたら同じく悲しそうな表情をして「そうなんですね」と言ったり、相手が考えごとをするポーズをしたら、同じように考えているような仕草をしながら、「なるほど、そうですか」と言ってみるといった具合です。

これをすることで、ペーシングと同様、交渉相手はあなたに安心感や信頼感を覚えて話しやすい雰囲気になり、多くを開示してくれるようになるのです。

何より相手が心を開いてくれますから、話し合いがはじまったときの堅い雰囲気がほぐれ、あなたの考えや希望にも理解を示してくれる可能性が高まります。ひいては、双方の妥結点をより柔軟に探ってくれるようになるのです。

話が苦手なあなたにこそ使ってほしいのが、ペーシングとミラーリングです。ぜひ自分のものにしてください。

ここがポイント

「話し方」と「動き」をシンクロさせる

17 「チャンキング」の言葉がけでさらに情報を引き出そう

パッシブリスニングには、沈黙、相づちとともに、質問をすることで心のドアを開けてもらい、情報を引き出す方法もあります。これが「ドアオープナー」の質問です。

交渉相手から情報を引き出すための質問の仕方はいろいろあります。

例えば、オープンクエスチョンとクローズドクエスチョン。これらの質問の違いをご存知の方も多いかと思います。

「オープンクエスチョン」とは、回答者の回答範囲に制限を持たせず、自由に答えてもらうために行う質問のこと。例えば、「沖縄での旅行はいかがでしたか?」とか、「学生時代はどのように過ごしていましたか?」「それについてもう少し話してくれませんか?」といった質問です。これらがドアオープナーと呼ばれる質問ですね。

他方、**「クローズドクエスチョン」**とは、「イエス／ノー」という形での回答を求める質問のことです。例えば、「野球は好きですか?」「昨日のディナーは美味しかったですか?」といった質問です。

このようなオープンクエスチョンやクローズドクエスチョンは、聴き手が獲得したい情報を得るために使う質問の方法として有効です。これらの質問はとても大事で、相手から引き出せる回答は格段に多くなります。

ただ、交渉での聴き方としては、多くはオープンクエスチョンになります。この項では交渉相手からさらに情報を引き出すためのフレーズや聴き方をご紹介します。

交渉の相手は、この交渉で実現させたい自分の希望や目的、それを持つにいたった背景等があって交渉に臨んでいます。そして、これを聴き手であるあなたにも受け入れてもらいたいという気持ちがあるわけです。

そうした「受け入れてもらいたい」「認めてもらいたい」という交渉相手の承認欲を満たすべく、**交渉相手の持っている考え、望み、背景に関する情報をさらに得るために「チャンキング」という聴き方があります。**

これは、ドアオープナーの代表ともいえる「それについてもう少し話してくれませんか?」というオープンクエスチョンの一種といえるかもしれません。

チャンキングも交渉相手の話した内容から、さらに多くの情報を得ようとするものです。
チャンキングには、

1「それによってどうなるのか」を聴く、チャンクアップ
2「それは具体的にどういったものなのか」を聴く、チャンクダウン
3「他にどういったものがあるのか」を聴く、水平チャンク

の3種類があります。

簡単な例を1つ紹介しましょう。あなたのビジネスパートナーであるHさんが、あなたに新たな人材を獲得しようと提案してきたとします。

Hさん：「○○さん（あなた）、そろそろ新しい人材を入れてみてはどうかと思うんです」
あなた：「なるほど。新しい人材か。それによって、どうなりそうですか？」（チャンクアップ）
Hさん：「新規案件を増やせて、売上アップにつながるかと思って」
あなた：「なるほどー。売上アップによる収益増ですね」
「ちなみに、売上アップによる収益増を達成するためには、他にどういったやり方がありそうですか？」（水平チャンク）

Hさん：「そうですね。例えば、弊社がすでに持っているスキルを商材として販売するといったことも考えられますよね」
あなた：「おー、それは人員を増やさずにできるかもしれないですね。具体的にはどういった商材が考えられますか？」（チャンクダウン）
Hさん：「そうですね。本の出版あるいはオンライン講座などがあるかと思います」

いかがでしょうか？　チャンキングを使うことで「新しい人材を入れては」というHさんの提案を皮切りに、売上アップを目指したいというHさんの意図、それを実現させるための他の方法をHさんから引き出すことができました。
交渉相手に興味を持ち、その人を受け入れる姿勢を見せてあげれば相手はたくさん話してくれるようになるでしょう。それを実現できる聴き方がチャンキングなのです。

ここがポイント

チャンキングで幅広い情報を得られる

COLUMN

「共感」は相手の「怖い」「悲しい」「腹が立つ」を理解すること

あなたは、自分以外の人から共感してもらえると、どのように感じますか？「この人は自分のことを受け入れてくれている」とか、「自分の味方でいてくれている」と感じ、安心できたり嬉しくなったりするのではないでしょうか？

共感とは、人がある特定の感情を抱いていることを理解し、受容することです。

交渉においても、交渉相手の発する言葉はもちろんのこと、その言葉の裏に潜んでいる感情にも興味を持ち、その感情を抱いていること自体を受容することができると、相手はとても満足するのです。

では、交渉相手が実際に先のような感情を抱いているとき、どのようにしていれば共感といえるのでしょうか？　一緒に悲しむことでしょうか？　一緒に腹を立てることでしょうか？

じつはそうではないのです。一緒に悲しんだり、一緒に腹を立てたりするのは「同感」であって、「共感」ではありません。この「同感」は一見交渉相手に寄り添っているように見えますが、相手がその感情を十分に感じることをさえぎってしまいます。

するとどうなるか。味わい尽くせていない感情が交渉相手に残ることになり、交渉相手本人はすっきりしないのです。

あなたにも経験があるかもしれません。「本当は思い切り泣きたいのに、目の前の人が自分よりも悲しんで大泣きしていて泣けなかった」といったようなことが。同感は、それと同じことが起こり、ある意味、感情の消化不良を起こしてしまうのです。

では共感するためには、どのように感じればよいのでしょう?

心理学的には、人が抱く感情(本物の感情)には4種類あるといわれています。それは①怖い、②悲しい、③腹が立つ、④楽しいの4つです。

そして、共感するためには単純に、「ああ、この人は悲しいんだな。そりゃ、悲しいよな」「ああ、この人はいま腹が立っているんだな。そりゃ、腹が立つよな」と心の中で察することです。「それは悲しいですよね」と口に出してみてもかまいません。

交渉相手がある感情を抱いていることを理解すること。そして、その感情を抱くことを容認すること。この2つが共感の核だと僕は考えています。

この2つの核で構成される共感ができれば、交渉相手の心も楽になり、安心感を覚えるようになるのです。そうすると、交渉相手はあなたに信頼感を抱き、あなたにも利益となる結果を模索してくれるようになるでしょう。

第4章

勝っているとも
負けているとも
感じさせない話し方・伝え方

1
自分が不利なときでも相手の話をまず聴いてから

皆さんは自分の思っていることや考え、意見を相手に受け入れてもらいたいですか？

もちろんそうですよね。当然そうだと思います。僕もそうです。

自分の思っていること、考え、意見、それを表現するための言動や活動を他者から容認してもらいたいという欲求を人間は本来的に持っています。


ということは、当然に交渉の相手もそうした欲求を持っているということです。

第1章で「返報性の原理」についてお話ししたと思います（35ページ参照）。相手から好意やサービスなどを受けたときに「お返しをしたい」と思う人間の心理法則が返報性の原理でしたよね。

つまり、**自分の考えや意見を受け入れてもらいたいのであれば、先に相手の考えや意見を聴き、ポジティブな反応や言葉がけをしてみる**のです。

第3章で紹介した聴き方で相手の話をまず聴き、その考えや意見自体に理解を示すようにするのです。

「ああ、なるほど」「そういう背景があったのですね」というように。相手の希望する条件に同意するかどうかは別として、その基礎にある相手の心情や考えを受け入れるようにしましょう。

自分のことを受け入れてくれたと感じた相手は、あなたのことを信頼してくれますし、あなたの考えや意見にも理解を示して尊重をしてくれるようになります。

何より、**自分の意見を通そうとする前に相手の考えや意見を聴くことは、とても余裕のある態度です。それだけで主導権を握れるようになるともいえます。**

こうお伝えすると、「それは金銭的に余裕があるからできるんじゃないの?」とか、「パワーバランスが上のときにだけ通用するんじゃないの?」という疑問が出てくるかもしれません。

もちろん、余裕があるときやパワーバランスが上であれば、相手の意見や考えを聴き入れやすい状況にはあると思います。

でも、こうした態度は余裕のあるなし、年齢の上下、ポジションの上下等とは紐づけないほうがよいのです。余裕を持てないような状況、あるいは不利な状況、立場が下であっても、交渉相手の話を「先に聴く」というスタンスはとったほうがいいと思います。

なぜなら、**自分の話を聴いてくれた人の話は聴くようになる**からです。そこに有利不利や上下は関係ありません。

気をつけてほしいのは、無理に余裕のある態度をとったほうがよいのではないことです。状況が明らかに不利なとき、パワーバランスがはるかに下のとき、へたにそうした態度をとると単なるやせ我慢に見えてしまうだけです。

そうではなく、ここでお伝えしたいのはそうした自身の状況を認識し、受け入れつつも相手の考えや意見をまず聴くことを優先するようにしてほしいということです。

ここがポイント

不利な状況のときこそ「聴く」

2 多く話し過ぎない 聴く8割・話す2割くらいでちょうどよい

あなたは、会話の相手や交渉相手の話したことをすべて憶えていますか？　決してそんなことはありませんよね。

また、話した内容をすべて理解していますか？　これもそんなことはないと思います。とくに話が長い人や話の内容を盛り込み過ぎている人の話は、途中で集中力が切れてしまって憶えていないことが多いですよね。メモをするにも限界がありますし、仮に会話や交渉の内容を録音していたとしても、後で録音内容を入念に聴くケースもそれほど多くないと思います。

ということは、自分の伝えたい内容をすべて伝えようとして話す量を多くしても、相手にすべてを理解してもらえたり、記憶してもらえるわけではないということです。

皆さんもご存じかと思いますが、「メラビアンの法則」からもこのことは説明できると思います。

■メラビアンの法則

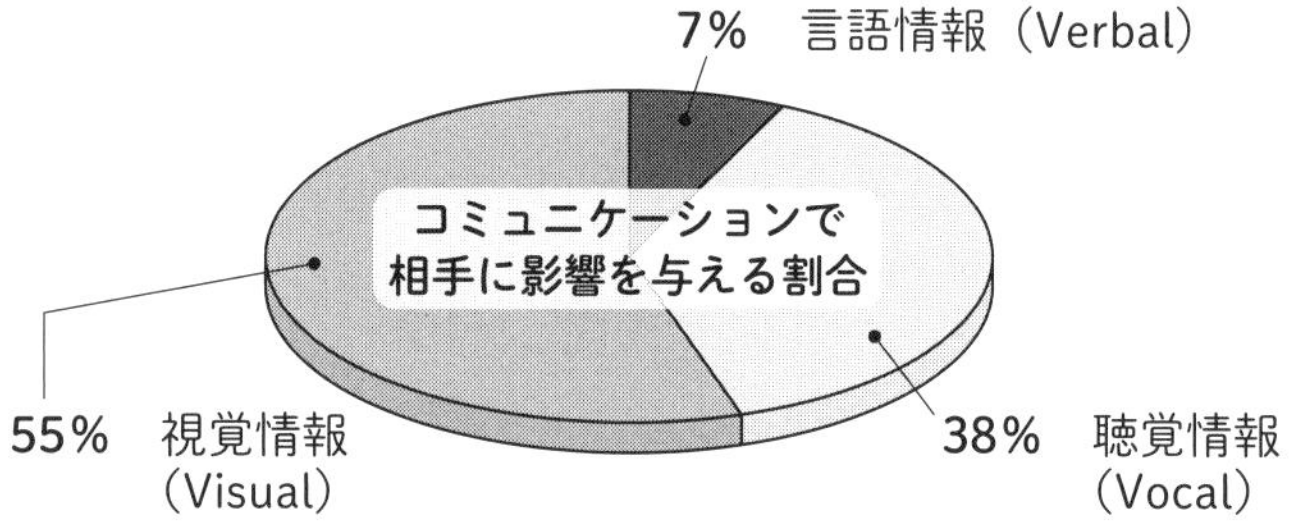

　メラビアンの法則とは、人間は他人とコミュニケーションをとるとき、言語・聴覚・視覚の３つの情報から相手を判断しているというもので、その判断に影響を与える割合としては、言語情報が７％、聴覚情報が38％、視覚情報が55％の割合であるという心理学上の法則のことです。

　この法則のように、交渉相手もあなたのことを言語７％、聴覚38％、視覚55％で判断しているとすれば、話す量をいくら増やしても効果は低いことがわかると思います。

　逆に、こちらの話を多くし過ぎず、**むしろ相手の話を聴くことに徹したならば、交渉相手は人の話をよく聴くあなたの姿が視覚に入り、良い印象をあなたに対して持つようになります。**

　それに、自分とは違う考え、意見、条件を持っている交渉相手（あなた）から、その正当性をこと細かに話されてもうっとうしいだけです。

　そもそも理解しようとしても容易に頭に入らず、上の空になることもあるのではないでしょうか？　人間は自分にとって都合の悪いことを人から言われると拒絶したくなるものです。

そういうときこそ謙虚になって真摯な態度で他人の意見や条件を聞き入れるべきだという考え方もあったりしますが、そうした「べき論」「ねば論」は自分や周りを苦しめるだけで、効果的ではありません。

むしろ、あなたが自分の話はほどほどにして、交渉相手の話を聴き続けたならば、交渉相手はこちらが説得などしなくとも、自ら気づきを得るものです。

そうなると交渉相手は、自身の考えや条件について引っ込めるところは引っ込め、あなたの考えや条件を受け入れるべきところは受け入れるキャパシティを勝手に設けてくれるようになるのです。

まさに「労せずして得る」です。あなたが交渉相手に理解してもらいたいと躍起になって話さなくても、聴く割合を多くするだけで、あなたの言い分も交渉相手に通りやすくなるのです。交渉事があれば、ぜひ一度実験だと思って試してみてください。

ここがポイント

話さないほうが相手に響く

3 大事なのは伝わること 話し方は下手でいい

あなたは「自分も相手も満足する交渉をするためには、上手に話さなくてはいけない」と思いますか？

もし、少しでもそんなふうに考えているのならば、この質問に答えてみてください。

Q：「この人（交渉相手）は話が上手だから、交渉はうまくまとまる」と思いますか？

もっと言えば、相手が話し上手であるか否かは交渉を成功させるにあたって不可欠な条件だと思うでしょうか？

そんなことは思いませんよね。交渉の当事者が最も興味があるのは「しっかりメリットのある条件で交渉をまとめられるかどうか」だけです。

ということは、皆さんの交渉相手も同じように、あなたが話し上手か否かには重きを置

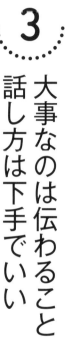

いていないということです。

人が相手のことを判断するにあたり、言語が影響を与える割合はごくわずかであることは前項でお伝えしました（メラビアンの法則）。冷静に考えれば、話し上手かどうかと交渉の成否は関係がないことがわかります。

もちろん、「あなたの話はわかりやすい」とか、「話のテンポがとても感じがよい」と評価されればとても嬉しいですよね。それはわかります。でも、そうした評価を得られても交渉結果が満足のいくものでなければ、絵にかいた餅になってしまいます。

少なくとも交渉の成否に関していえば、話し上手かどうかはあくまでオプション程度に位置づけておいたほうがよいでしょう。

それよりも**大切なのは、こちらが伝えたいと思っていることをしっかりと相手に理解してもらえるように届けること**です。そのために、必要なことは概ね、

- 「現在の状態を事前に把握しておく」こと
- 「自分の伝えたいことのエッセンスをシンプルに伝える」こと

の2つだと思うのです。

まずは、問題となっている事柄の正確な把握です。これが把握できていれば、相手との

間で話すべきトピックも限定され、途中で何を話せばいいかわからなくなる、といったこともなくなります。

次に、伝えたいことのエッセンスをシンプルに伝える。

交渉相手に伝える内容に多くの要素を詰め込んでしまうと、交渉相手もどの点が一番重要なのかを理解しづらくなります。

そうなると、こちらが一番伝えたいと思っていることが相手に届かないというリスクも出てきます。そうならないように、第2章で解説したように、事前に自分の伝えたい内容の核は何なのか、メリット・デメリットは何なのかを把握するために自分と対話をしておくのです。

そして、自分との対話で出てきた核となる内容をメモ帳やスマホなどに書きとめ、そこだけは相手にしっかり届くように伝えればよいのです。それができていれば、口下手であっても、沈黙になっても、まったく問題はありません。

ここがポイント

伝えたい「エッセンス」をシンプルに伝える

4 話すスピードはゆっくり過ぎるくらいがちょうどよい

口下手さんであれば、どちらかというと、話すスピードは遅めの方が多いのではないでしょうか。あるいは気弱さんなら、あたふたして早口になる方もいるかもしれませんね。

あなたは、話すスピードが速い人、話すスピードがゆっくりの人に対してそれぞれどのような印象を持っていますか？

話すスピードが速い人に対してはこんな印象を抱くのではないでしょうか。

- 口車に乗せられ、丸め込まれてしまいそう
- 話の内容を理解するので精いっぱい
- 相手のペースに乗せられるのはシャクな感じがする

それに加えて、「ドライな人かもしれない」とか、「軽い人かもしれない」という印象を持つ方もいるかもしれません。つまりは、ちょっと警戒してしまわないでしょうか。安心

感を持てないと感じる方も多いかと思います。そう思っていると、そんな人と信頼関係を築くのは嫌だな、と思ってしまうかもしれません。

僕も弁護士として数々のご依頼者の方、相手方、相手方代理人の方と協議や交渉の場を経験してきました。その際、早口の方もたくさんいました。そうした方と話した際には、先のような印象に加えて、

- あまり熟考できていないのではないかな
- 冷静に検討できていないのではないかな

といった印象を抱いていました。実際に、こちらから質問したり問いただしたりすると、即座に早口で訂正したり弁解や反論をしてくることが多く、その姿を見ると、さらにそう思えてしまいます。それに、交渉の途中でボロが出たときに、早口だとリカバリーの際に、何となく信じてもらいにくくなるような面が出てきます。

逆に、話すスピードがゆっくりの人に対しては、

- 落ち着いている人だな
- こちらの話もちゃんと聞いてくれる人だろうな
- 言葉を慎重に選んで話してくれているのだな

話すスピードはゆっくりがいい

・こちらのことも丁寧に扱ってくれそうだ

といった印象を持つ人が多いのではないでしょうか？

早口の方と比べるとゆっくり話すほうが格段に安心感を得られます。そうすると、信頼関係も築きやすくなりますよね。

また、話すスピードは自律神経とも密接に関わりを持っています。つまり話すスピードが速いときは、交感神経が活発になり、極端にいうと戦闘モードというかカッカしやすい状態に近くなっていきます。

これに対して、話すスピードがゆっくりのときは副交感神経が優位になり、よりリラックスした状態をつくることができます。どちらが交渉相手とより友好的にコミュニケーションをとれるかといえば、一目瞭然ですよね。

これだけメリットとデメリットがはっきりしているわけですから、口下手さん、気弱さんは、あえてゆっくり話すくらいに思っていたほうが信頼関係を築きやすくなると思います。あわてて話そうとする必要はまったくありません。

ここがポイント ゆっくり話すことはメリットだらけ

5 沈黙であなたの評価は下がらない 沈黙を怖がる必要はない

普段の会話でも、いままで活発に話して盛り上がっていたのに急に沈黙の時間が訪れたりすることがありますよね。

交渉のときも同じようなことは起こります。

お互いに話したいこと、伝えたいことをひと通り話し合い、質問等を交わしたところで議論が停滞したときなど、話が途切れて沈黙してしまうことがあります。

ちょっと気まずい雰囲気になったりして、「何か話さなくちゃ」と、頭をフル回転させて話題を探したり、新しい視点を探ったりしてしまいます。

そんなとき、沈黙を恐れて何か話さなくてはと、自分の思っていることと真逆のことを伝えてしまったらどうでしょうか？　真意が相手に伝わらず、気分を害してしまうかもしれませんし、こちらにとって不利な内容として交渉相手に理解されてしまうことだってあり得ます。

後から訂正しても、交渉相手は「あの時こう言っていたのに」と、こちらの言動に対し不信感を抱いてしまい、その後の交渉がスムーズに進まなくなるかもしれません。

そもそも、沈黙に耐えられない状況にはどんなケースがあるでしょうか？

それは、人との関係性の中で生み出されるものです。例えば、交渉相手がとても物静かな人で、あまり話さず、でもじっとこちらを見ているような人であるときなど。こんな人が相手だと、沈黙が訪れると「こちらから何か話さなくては」と思ってしまうのも無理からぬ状況です。こうしたとき、「何か話さないと、できないやつだと思われるんじゃないか」とか、「こちらから話すのが社会常識なのかな」などと不安に思ったりしませんか？

そして、余計なことをたくさんしゃべってしまったり、思ってもいないことを言ってしまったりするのです。

また、自分の後ろにいる先輩や上司を意識している場合もありますね。商談や社内会議などで、自分の仕事ぶりを先輩や上司に評価してもらいたいと思ったり、交渉がうまくないと思われたくない、などと考えたりするときです。

そう思うあまり、沈黙を生まないように話し出して余計なことをしゃべったり、思ってもいないことを口にしてしまうのです。

こんなふうに思ってしまうのは、「沈黙＝コミュニケーション能力がない」といった、沈黙に対するネガティブなイメージがあるからにほかなりません。〝コミュ障〟の象徴であるかのように思っている人もいるかもしれません。

でも、**沈黙は以下のようにメリットがたくさんあるのです。**

- **落ち着いて冷静な人に見える**
- **知性のある人に見える**
- **相手に「こっちが何か間違っているのかな」と思わせることができる**
- **相手が先に話してくれるようになる**
- **この人何を考えているのかなと相手が勝手に不安になり、いろいろ提示してくれる**

沈黙はメリットがいっぱい

- **こちらからボロを出さずに済む**
- **相手方からたくさんの情報を引き出すことができる**

などなど。第3章で述べた「パッシブリスニング」のメリットとも同じですね。

これらは、交渉においては本当に強みになります。沈黙を活用しない手はありません。

もし、それでも沈黙に対するネガティブなイメージがぬぐえない人は、試しにこう唱えてみてください。

「口下手な自分には価値がある」
「交渉がまとまろうが、失敗しようが、自分は最高のビジネスパーソンだ」

話し合いが止まって沈黙が訪れたからといって、あなたの評価が下がるわけではありません。むしろ余計なことを話してしまったほうが評価は下がる可能性が高くなります。気弱さん・口下手さんにとっては、武器の1つであると思うぐらいでちょうどいいのです。

ここがポイント **あえて「沈黙」を武器にしよう**

6 結論は最初に伝えるべき？ それとも最後に伝えるべき？

あなたは、自分の意見や考え方、または希望の条件を交渉相手に伝えるとき、結論を最初に伝えますか？　それとも最後に伝えますか？

これは結構、難しい問題ですよね。

結論を最初に言ってしまったら、もうその後の話を聴いてもらえないのではないかと心配になります。結論を最後に伝えようとすると、話が回りくどいと思われてビジネス能力を疑われてしまう心配が出てきます。

それこそ結論の出にくいテーマのように思います。そしてどちらが正しいかという議論は不毛なのではないかとも思ったりします。

なぜなら、交渉の一番の目的は、あなたが伝えた内容を交渉相手が理解、あるいは承認してくれてこちらの希望が通ることなのであって、それがかなうのであれば「結論を最初に持ってくるか最後に持ってくるか」は、どちらでもいいわけですから。

とはいえ、「ケースによってどちらのほうが効果的なのかというのはあるんじゃないの？」といった声も聞こえそうです。

そこで、僕なりに大雑把ではありますが、結論を最初に伝えたほうがよいケース、結論を後に持ってきたほうがよいケースには、それぞれどのような場面があるかを紹介したいと思います。

◯結論を最初に持ってきたほうがよいケース

まず、会社内や取引先等とのビジネスの場で企画や条件提示などを交渉する場合は、基本的には結論を先に伝え、その後に理由を論理的に伝えたほうが上司や会議参加者にも喜ばれると思います。

なぜなら、ビジネスの場はスピードが大事ですし、結論までの道筋が読めないまま、解説や理由を長く聞かされると途中でだれてしまうからです。

また、書面やメールで相手方にメッセージを送るときなども最初に結論から伝えたほうがよいでしょう。この場合も相手方は、結論と理由を直ちに知りたいはずだからです。

◯結論を最後に持ってきたほうがよいケース

では結論を最後に持ってくるのが望ましいのは、どういう場合でしょうか。

１つには双方の意見が対立していて、ちょっとピリピリというかギクシャクした様相を呈しているときです。

こうした場合は、すぐにこちら側の結論を述べるよりは、先にこちらの心情や結論に至るまでの理由、経緯をくどくならない程度に伝えたほうがよいでしょう。

そのうえで結論を最後に持ってくるスタイルのほうが、交渉相手を無駄に刺激しないままにこちらの考えを伝えることができると思います。

相手としても「ああ、そういう心境や状況になったから、その結論、要望に行きついたのか」と理解しやすくなり、こちらの提案になびきやすくなると思うのです。

また、パワーポイントなどの資料を使ってプレゼンテーションをする場合は、結論を最後に持ってくるスタイルが効果を発揮することがあります。パワポでのプレゼンは、少しイベント感やエンターテインメントの要素が感じられます。

そんなときは、理由や根拠を順に説明していき、徐々に聴く側の気持ちを高ぶらせたうえで結論を提示することで、相手を感動させたり驚かせるやり方も有効なのです。

まとめると、**意見の対立等もなく、事務的なやり取りの場合は結論から先に伝えたほう**

がよく、意見の対立がある場合、あるいは相手方の情緒に配慮をする必要がある場合には先に理由や経緯を伝えたうえで最後に結論を持ってきたほうがよいだろうというのが僕の考えです。

本書を読まれている方は、交渉をうまく進めたいと思っているはずです。であれば、何度も述べているように、まずは「聴く」ことからはじめ、様々な情報をやり取りしたうえで共感を得るのが第1段階になります。

つまり、結論はそれらの話し合いを経たうえで、最後に持ってくるのがよいと思います。

ここがポイント

「交渉」では結論は最後に

7 自分の感じた感情を「Iメッセージ」で伝えよう

ビジネス上でも家庭内でも友人間でも、相手に「何でそんなことするんだよ」とか、「こうしてくれたらいいのに」「もっとこうしてほしかった」と思うこと、ありますよね。

例えば、ビジネスでのシーン。

上司や先輩が部下・後輩に対して「何でそんな毎回遅刻してくるんだよ」とか「オフィスに入ってきたときぐらい挨拶しようよ」などと心の中で思うときがあると思います。

でも、そんなとき、その部下や後輩に対して直接・間接に「何で毎回遅刻してくるんだよ」とか、「挨拶くらいしようよ」って伝えたらどうでしょう。

部下・後輩としても何かこう、攻撃をされているように受け取ってしまい、無駄に言い返してきたり、むっとされたりしないでしょうか?

それでお互いに感情的になり、ケンカ状態になってしまうのです。お互いが傷つくだけですし、関係が悪化してしまいます。

次に家族やパートナー間でのシーン。

猛暑の中、散歩に行こうとする夫に対して妻が「あなた何考えてるのよ！　こんな暑い中散歩に行ったら熱中症で倒れるに決まってるでしょ！」と言ったとします。夫は、暑いことは暑いけど水分補給をすれば大丈夫と思っているかもしれません。

そんなとき、「何考えているのよ！」と強く妻に言われてしまうと、自分のことを否定されたように受け取ってしまい、「俺が行きたいから行くんだ！　邪魔するな！」などと激高してケンカが勃発してしまう可能性が高まります。

こんなときは、先の2つの例のように相手のことを責めるような言い方をするのではなく、それによって自分の感情がどうなるのかを伝える**「I（アイ）メッセージ」**を使いましょう。

Iメッセージとは、「相手の行為や出来事を客観的に伝え→それによって生じる効果を伝え→それによって感じた自分自身の感情」を「私（I）」を主語にして伝える話し方です。

最初の例で言えば、「君がオフィスに入ってきたとき、『おはようございます』の声が聞こえないと、私が君から相手にされていないのかもしれないと思って、（私は）とても不安な気持ちになるんだ」、2つ目の例で言えば、「あなたがこの暑い中散歩に行ってしまうと、途中で熱中症になって倒れたりして、あなたが救急車で病院に運ばれたりしたら、私本当に悲しくなってしまうの」といった伝え方になります。

Iメッセージで伝えると、相手に対する攻撃性がなくなりますし、それによって相手が傷ついて反撃してくることもなくなります。そして、こちらの感情を受け入れて、その行動を是正してくれやすくなるでしょう。

こうしたIメッセージは、ビジネス上の書面でも頻繁に見受けられます。例えば、「1か月を経過してもなお貴社からのご回答をいただけていないため、本当にこの問題を期限までに解決できるのかという意味で、当社としても大いに不安を感じております」「当日は当社オフィスまでご足労いただけるとのこと。早期改善につながるかと思うと（私は）非常に嬉しいです」といったようなメッセージがIメッセージに当たります。

こうしたメッセージを文書だけではなく、口頭で交渉相手に伝えることができるようになると、こちらの誠実さや丁寧さがより伝わり、交渉相手のあなたに対する印象は一気に良くなります。

ここがポイント

要求を伝えるときは「私は」を主語に

8 「こうしてほしい」ではなく「こうしてもらうと嬉しい」と伝えよう

前項で「Iメッセージ」のお話をしました。やはり、自分に対して攻撃の刃が向いているような言い回しをされると辛いものです。そしてIメッセージは、それを緩和してくれる話し方です。

また、相手から「こうしてもらいたい」とお願いをされるときも一緒で、攻撃的に言われると反発したくなりますよね。

もし、あなたとしては心の中で「やってあげたい」と思っていたとしても、「何でこうしてくれないの！」とか、「これやっといて」などのように相手からクレームや命令のように言われると、一気にその気持ちはトーンダウンしてしまいますよね。

一方で、人はお願いされたり頼りにされたりするのが大好きです。人からの依頼に応じて協力してあげて、その依頼主から感謝されると自分の自尊心が満たされるじゃないですか。そうするとお互いにハッピーになれるわけです。

ですから、**人にお願いをするときは、こうしてくれると「嬉しい」とか「安心する」などの自分が抱くであろう感情を交えるとよい**のです。これもＩメッセージの一種と言えます。

ここでは大まかに、お願いをするとき、事前に注意喚起をするときの2ケースに絞って「残念な例」と「良い例」を紹介していきたいと思います。

〈お願いをするとき〉

＊交渉相手のＦさんに書面提出期限の提案をするとき

～残念な例～

「Ｆさんからの書面ですが、今回は3月10日までに出してください。前回みたいに遅れるのはダメですからね」

～良い例～

「Ｆさんからの書面ですが1週間前に届いてくれたら、僕としてもしっかりと回答の準備に取りかかれると思うんです。ですから、今回は3月10日までに書面をいただけると非常に嬉しいです」

＊報告・連絡が遅くなってしまった部下・後輩に対して

～残念な例～

「何でいつもそうやって事態が深刻化してから報告してくるんだよ！　そうなる前に相談するようにって、いつも言ってるよね！」

～良い例～

「事態がおかしくなるのはお客様も困るし、僕（私）もお客様との信頼関係が崩れてしまったらどうしようって怖くなるし、そんな状態だと君も悲しくなると思うんだ。だから、早め早めに相談や報告を君からもらえると、そうならずにすむから僕としてはとても嬉しいんだよ」

〈事前に注意を喚起するとき〉

＊部下・後輩に対する事前の注意喚起

～残念な例～

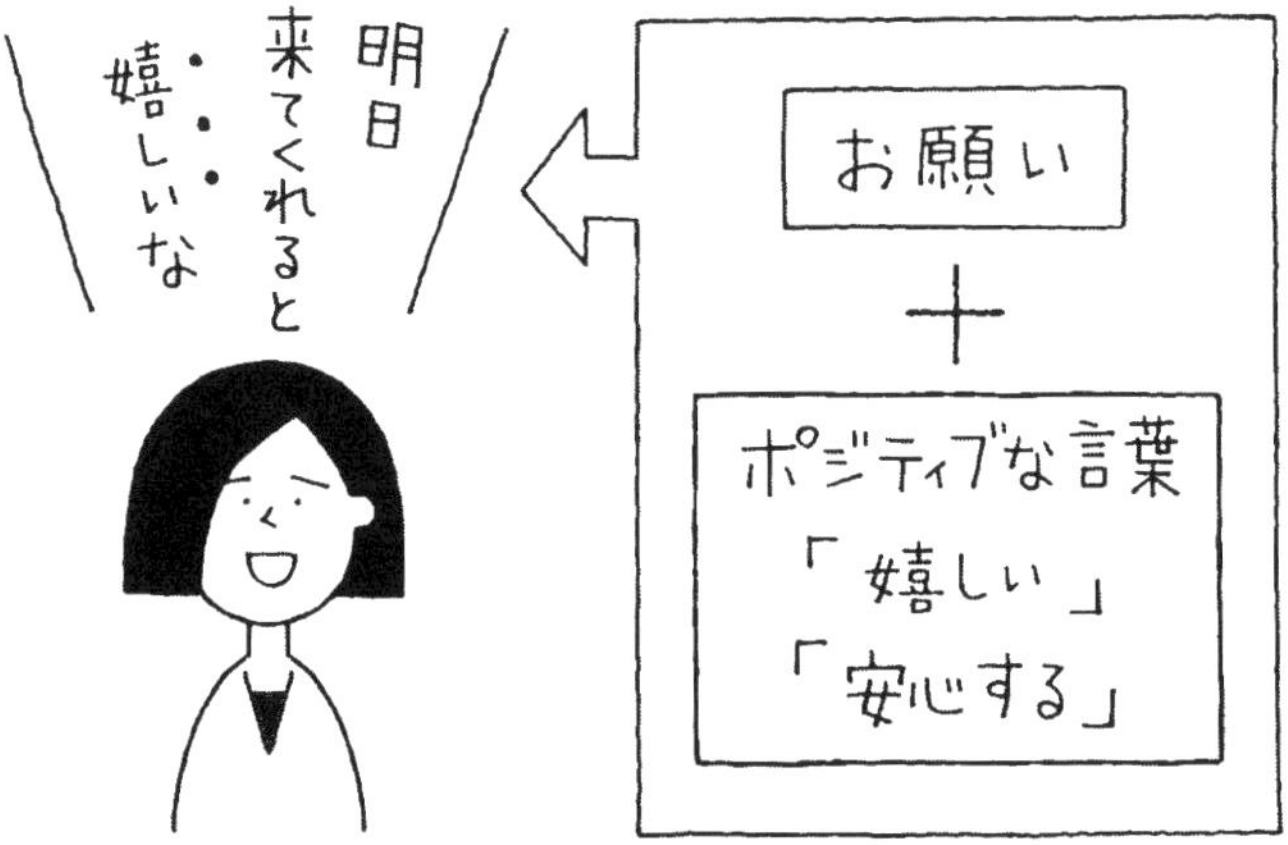

◌「こうしてもらうと嬉しい」という言い方を

「（クライアントの）Kさんのところに行くときは、万全の準備をしていけよ。絶対にAさんみたいに怒られるなよ」

〜良い例〜

「（クライアントの）Kさんだけど、あの方は結構細かいところがあって自分の気にしているところが1つでも満たされないと機嫌を損ねてしまうところがあるんだ。このあいだもそれで雰囲気が悪くなって前任のAさんもかわいそうだった。そうならないように、できる限りの準備をしておくといいと思うよ」

このように、単純に指示やお願いをするのではなく、「事実→影響→感情」を伝えるIメッセージを用いることで、相手もこちらのメッセージを素直に受け取れるようになり、結果としてこちらの要望がかなえられやすくなるというわけです。

ここがポイント

自分の嬉しい感情を伝えよう

9 意見が対立しているときの伝え方とブレインストーミング

あなたは、交渉相手の意見や希望と、自分の意見・希望との開きがあまりに大きい場合、どうしていますか？

「もうどうしようもない」と諦めて、投げやりになって相手の希望や条件をしぶしぶ承諾しますか。それとも感情的になって、自分の意見や希望を無理にでも押しつけてしまうでしょうか。

気弱さん・口下手さんであれば前者のように諦めてしまう方もいるかもしれませんね。自分の意見や希望が交渉相手とあまりに食い違っていたりすると「自分のほうが間違っているのかな？」とすぐに考えてしまう方は多いからです。

でも、それだと気弱さん・口下手さんが交渉で満足することはできません。「気弱な自分、口下手な自分はうまく交渉することはやっぱりできないんだ」と交渉に対する苦手意識をかえって強くしてしまいます。

そうならないように、気弱さん・口下手さんでも交渉で意見が対立したときにうまく解決できる伝え方、結論の出し方というものがあるのです。

人との交渉にあたる以上は、あなたが「伝えたい」「認めてもらいたい」と思っていることが交渉相手にしっかり届くように、そして理解してもらえるように、伝える内容、伝えるニュアンスをチョイスしておきましょう。

では、あなたの伝えたいことを交渉相手にも理解してもらうためには、どのような伝え方がよいのでしょうか。

まず**第一に、何についての対立なのかをはっきりさせます。**

具体的には、

- 何についての対立なのか問題点を明確化する
- 意見が対立した原因・背景を探る
- 目指している目標自体が異なるのか、お互いが誤った理解をしているのかを探究する
- 自分が何を望み、何に不安を覚えているのかをＩメッセージで伝える

第二に、いろいろな解決策を出し尽くしてみます。その際は、できるのであれば、「ブレインストーミング」（ブレスト）を行うことをお勧めします（やり方は左ページ参照）。

ブレストとは、双方の意見が対立したときなど、お互いの考えや意見を自由に出し合い、お互いの希望を満たしたり、妥結点、解決策を見つけ出すための手法です。

最も良い解決策、あるいは妥協案を見つけ出すためには、固定観念や先入観、社会通念にとらわれずに意見を出し合うことが大事です。

もちろん企業間の取引や折衝など、ブレストができないケースも多いと思います。ですが、家族間や友人間、社内での意思決定、折衝など活用できる場面は多数あります。自由に意見を言えて、否定もされない前提ですので、普段あまり意見を言えない引っ込み思案の方であっても意見を出すことができるはずです。

ここがポイント

意見を出し合い解決に導こう

COLUMN

「ブレインストーミング（ブレスト）」のやり方

ブレインストーミングのプロセスは、以下のようになります。

- こちらと相手が協力して問題解決のためのアイデアを出し合う
- アイデアは一定時間を決めてその間にできるだけたくさん出す
- どんなに非常識なアイデア、突拍子もないアイデアであってもOKとする
- 出たアイデアについては、出た時点で評価はせずに記録していく
- 出し合ったら、出てきた解決策を１つひとつ評価して、一番良い解決策を選ぶ
- その解決策をどのように実行するかを決める
- 実行の結果を検証する

ブレストの際に注意する点としては、

- 自由な雰囲気をつくること
- アイデアの質よりも量を重視すること
- 現実的ではないと頭で掻き消さずに思いついたらすぐに言うこと
- ブレストの最中は、アイデアに対して良い悪いの評価はしないこと
- 相手のアイデアを膨らませるような発言も歓迎すること

です。

（アレックス・オズボーンによるブレインストーミングの基本ルール）

10 相手に対して少し身体を斜めにして話そう

私たちは学生の頃、「相手の目を見て話しなさい」と言われませんでしたか。僕は親や学校の先生からよく言われていたと記憶しています。

そのように教育されてきた人であれば理解していただけると思うのですが、実際の会話や交渉中に、相手の人があなたと顔が合った瞬間に目をそらしたりすると「気が弱い人なのかな」とか、「コミュニケーションが苦手な人なのかな」などと思ったことはないでしょうか？

実際に、気弱さんのあなた自身が何となく相手から目をそらしたとき、「ビビってると思われたかも」「気が弱いと思われたかな」と心配になったりしたことはないでしょうか。

こうしてみると、何か世間的には「会話や交渉をするときには相手の目を見なくてはならない。そうしないと交渉や話し合いが不利になる」という暗黙の常識みたいなものがあるようにも思えます。

本当にそうなのでしょうか？

相手と意見が合っていたり意気投合しているときは、それで問題はないかもしれません。でも、見解や希望の条件が違う相手と話し合うときに、ずっと目を合わせ続けたり身体を向かい合わせて対峙していると無駄に対決的な姿勢になるような気がしませんか。

そもそも違う意見や価値観を持つ相手と話すときは緊張していると思います。そんなときに目と目を合わせたり、真正面に向かい合わなくてはならないとすると、余計にピリピリとした雰囲気をかもし出すことになってしまいます。

むしろ、その**緊張感をゆるめるためにも、相手に対して少し身体を斜めにして話してみるとよいかもしれません。**

体の向きもそうですし、相手の目もまじまじと見なくて大丈夫です。

相手の目を凝視するのではなく、顔や肩の付近をぼんやりと見ながら話したり聴いたりするだけでも、あなたの緊張はほぐれます。そして交渉相手の話がスーッと入ってきます。加えて、こちらの話すことも理解してもらいやすくなります。

あなたは「パーソナルスペース」という言葉を聞いたことがありますか？

パーソナルスペースとは、他人に近づかれると不快に感じる空間のことで、パーソナルエリア、個体距離、対人距離とも呼ばれるものです。

男女の違い、文化、個人の性格やその相手によっても程度には差があるのですが、一般に親密な相手ほどパーソナルスペースは狭く（ある程度近づいても不快さを感じない）、逆に敵視している相手に対しては広くなるようです。

相手と目を合わせるか合わせないのか、相手と真正面に相対するかどうかも、このパーソナルスペースに類似するものです。

意見が相違している相手と協議折衝を試みるときや、初めての方と商談をするときなどは無理にフレンドリーに接するのではなく、緊張している自分そのもの、あるがままの自分を受け入れ、許したうえで、適度な距離感を保ちながら相手と話すようにすればよいのです。

ここがポイント

相手の目を見る必要はない

第5章

ここが大事！
相手に花を持たせる
クロージング

1 「WE」（私たち）を意識すると相手も同じほうを向いてくれる

交渉は基本的に「自分（あるいは自社）」と「交渉相手」という2当事者で成り立っています。そして、各当事者がそれぞれ自らの意見や希望を持っていて、それを実現させるために交渉をするわけです。

それだけを見ても、交渉相手のことを「敵」のように思ってしまいがちです。そこまでいかなくても「説得しなければいけない相手」というようには思うでしょう。

そのように考えてしまうと、場合によってはお互いに感情的になって、交渉が無駄に長引いたり、場合によっては決裂してしまう可能性もあります。

そこで意識してほしいのは、「私」と「あなた」（交渉相手）という当事者同士の対立ではなく、両者を合わせて「私たち」（私と交渉相手）という一個の主体として課題や問題に向き合うことです。

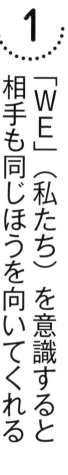

「私たちは」という意識で交渉相手と向き合うことで、交渉相手にも「この交渉は両者の協力的なチームプレイの一環である」と感じてもらえる可能性が高まるのです。実際に「私たち」と言葉にしてもよいかもしれません。このような意識は、仲間意識や共同体としての関係を育む効果があります。

すると、必要以上に交渉相手から敵対視されることを避けられるだけでなく、双方が共通の目標を模索・追求し、協力し合って解決策を見つける意識が生まれます。お互いに友好的な関係を築くことができるようになるのです。

このように、**交渉の当事者が仲間にも似た関係へと変化していくと、双方が合意形成に向けて同じベクトルを持つようになって、交渉が単なる意見の出し合い、妥協点のさぐりあいではなく、お互いの利益追求のための共同作業となっていく**のです。

また、「私」と「あなた」から、「私たち」へと主語を単数形でなく複数形にすることで、双方の関係が対等であることも示唆できます。

相手を尊重しようとしてへりくだる必要はなく、対等な関係でいたほうが自分の条件も素直に出しやすくなりますよね。

「私たち」という主語を明示的に使うことで、双方がお互いに利益を最大化する解決策

◌「私たち」を意識して話そう

を見つけるために協力する必要があることを伝えられるので、建設的な話し合いを進めることができるわけです。

もちろん交渉にも様々な種類があり、交渉相手との関係性も多岐にわたります。

関係性が良好であれば意識しなくても主語を「私たち」と言うことができそうですが、イチから関係性を築く必要がある場合は少し抵抗があるかもしれません。

これまで接点がなかった交渉相手に対して、いきなり「私たち」という表現を使うのは馴れ馴れしい感じがして相手に失礼なんじゃないかと思うのも無理はありません。しかし、交渉は１人でできることではなく共同作業です。互いの望みを満たすために仲間意識を芽生えさせることはお互いにとって大切です。

難しそうでしたら、口に出して言わないまでも、「私たち」という意識をあなた自身に植えつけておくだけでもよいかと思います。

意識的に主語を「私」から「私たち」に変えて交渉をしてみましょう。

ここがポイント

心の中では「私たち」を意識しよう

2 相手に選択肢をつくらせてこちらが選ぶようにする

お互いの希望や要望、その根拠等をひと通り出し合ったら、交渉もいよいよ大詰めとなってきます。

お互いに納得できる条件を具体的に出していく必要がありますが、その際、あなた側からではなく、交渉相手に複数の選択肢を提示してもらう方法もあります。

できれば込み入った話を避けたい、そしてゴリゴリした交渉を避けたいあなたとしては、これはとてもありがたい方法なのではないでしょうか。

ポイントとなるのは、交渉相手に選択肢を提示してもらう点です。

相手は、選択肢を提示できる立場にあることで自身が主導権を持っているように感じるのです。「この人は自分の望みを合意に反映させようとしてくれている」と感じるわけです。

ただし、交渉相手の提示した選択肢が自分にとって不利な条件とならないようにコントロールしておく必要はあります。

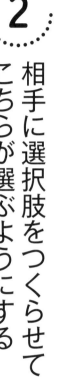

そのためには、前項で述べたように、「私たち」という言葉を使うなどして、交渉の「共同体である」という意識を交渉相手に芽生えさせておくことが大切です。そうした気持ちで接し続けることで、交渉相手もこちらの利害に対し配慮してくれる可能性が高まり、あなたにとって不利な条件ばかりの選択肢にはならなくなるのです。

交渉相手に選択肢を委ねるときは、できればお互いの譲れない重要ポイントを言葉に出したうえで、「いくつかの条件を提示してもらってもいいですか？」と依頼し、相手が提示してくれたときには「提示してくれてありがとうございます」と感謝の意を示し、「これで検討させてもらいます」と伝えていったん持ち帰るようにしましょう。

選択肢を与えられたからといって、即答する必要はありません。しっかりと吟味して回答するようにしましょう。

本書で書いた内容を実践できていれば、交渉相手と友好的な関係を築けているケースも多いはずです。

交渉の終盤で相手に複数の選択肢を提示してもらっても、友好的な関係が築けていれば、相手はあなたの状況も考慮したうえで、選択肢にあなたの満足できる内容も盛り込んでくれることと思います。

ただし、その選択肢の中にあなたが満足できるものがない場合、あるいはすべての選択肢があなたにとって不利であった場合は、譲れないポイントを再度交渉相手に提示し、相手の譲れないポイントも明確にしたうえで、今度はこちらから具体的な対案を出してみましょう。

最初に選択肢を出したことで、ある程度主導権を握らせてもらっている交渉相手は、あなたが出した対案を完全に拒否することはなく検討してくれるはずです。

最大のポイントは、交渉相手に「この人はこちらの希望を合意に反映させようとしてくれている」と思ってもらうことです。

35ページで「返報性の原理」について書きましたが、ここでも同じことがいえます。与えてくれた人には、無碍《むげ》なことはしたくなくなるものです。

でも実際のところ、主導権を相手に握らせているわけではありません。選択肢を提示してもらうのは勇気がいるかもしれませんが、怖れずに相手に委ねてみましょう。

ここがポイント **主導権はつねに自分にある**

3 あなたの提案が相手にとって「重要かつ可能であること」を示す

さて、交渉も大詰めを迎えました。

今回は、あなたの側から交渉相手に対して条件を提示する場面を想定してみてください。その条件は、あなた自身が承諾可能なギリギリの条件であったとします。

あなたとしてはその条件を相手側にも承認してもらう必要があり、ここで相手が納得しなければ交渉が決裂となるか、こちらがさらに譲歩するかという決断を迫られることになります。

交渉決裂となったときのために用意している「バトナ」（60ページ）が十分に目的を達成できるものであればそちらを選択するのも1つの手です。でも、できれば提示した条件を相手に認めてもらいたいところですよね。

そのためには、自分の出した条件が相手にとって無理難題ではなく、相手も満足できるものなのだと理解してもらうことが必要です。

では、こちらの提示した条件が相手にとっても「必要だ」と思わせるためにはどのようにしたらよいでしょうか？

それには交渉相手の目的が何であるのかを正しく理解することがとても大切です。ここまで相手と会話を重ねてきた中で、相手が求めている条件や重要だと感じているポイントの本質が何なのかを見つけ出すのです。

相手の出している条件を額面通りに受け取るのではなく、相手が発した言葉や表現の端々から感じられる「重要だと考えている本質的なポイント」を見つけて言葉にして示してあげるのです。

例えば、あなたが提示する条件を「A」、相手（Xさん）が本質的に重要としているポイントを「B」とします。

そして自分の条件を提案するときには次のような言い方をします。

「今回、私が提示したい条件というのはAです。今までの私たちの話を整理してみると、Xさんにとって譲れない重要なポイントはBなのではないかと思っています。私はXさんが重要だと思っているBを満たすために自分が出せる提案は何だろうと考えました。その結果、〜〜という理由で、AであればBをかなえることができるのではないかと思ったのです」

人は自分が本当に何を求めているのかについて、ぼんやりとしか考えていないことが多くあります（38ページ）。そこで、交渉相手であるあなたが相手の目的の本質を言葉にして、相手のことを考えたうえで自分の条件を提示すると、相手は自分の意見や考えを尊重してくれていると感じ、理解してもらえるのです。

「『A』という提案には『B』というポイントも入っているじゃないですか」という伝え方ではなく、**「あなたの満足度もしっかりと考えていますよ」というニュアンスを含んだ伝え方をすることで、あなたの条件を受け入れやすくなる**のです。

また、こちらの出した条件が相手にとって非現実的なものではなく、十分に可能であることをわかってもらうことも大事です。その際には、なぜ可能なのかという根拠を添えて伝えます。根拠を示すことで、相手はこちらの提示した条件に納得しやすくなるのです。

ここがポイント

相手の満足度を考える

4 現状と提案内容のギャップを伝えて相手の感情を動かそう

いよいよ交渉の最終段階です。せっかくなら自分の提案する条件に対して交渉相手から「イエス」を引き出したいですよね。では、相手からの「イエス」を引き出すにはどうしたらよいでしょうか？

あなたがモノやサービスを買う場面を想像してみてください。モノやサービスを買うとき、あなたの心の中で何が起こっているのかを知ることがヒントになります。

例えば、スポーツジムやパーソナルジムに通うことを想定しましょう。

なぜ、スポーツジムやパーソナルジムに通うのでしょうか？　もちろん人それぞれだとは思うのですが、おそらくすべての人に共通しているのは「不満のある現状から脱出」して「より理想的な状態を手に入れたい」ということです。

僕の例を紹介します。数年前にスポーツジムのマンツーマンレッスンを申し込んだとき、僕の体重はベスト体重である70キロよりもはるかに重い81キロでした。体は重いし、お腹はたるんでいるし、草野球では走っても足がもつれるしで、それはもう見るも無残な状態でした。

できれば細マッチョのスタイルになりたい、筋肉をつけて草野球でも颯爽とダイヤモンドを駆け回りたいという思いで、スポーツジムのマンツーマンレッスンを申し込んだのです。

そのときのジムの受付の人は、僕の現状と理想をありありと示したうえで、お勧めのコースを提案してくれました。だから、僕は受付の方が提案したレッスンを受けることに決めたのです。つまり、

- 現状の「嫌」と
- 購入することで「こうなれる」という未来

を意識させることで、受付の方は僕にレッスンを購入させることに成功したのです。

こうした提案はどのような交渉にも使えると思いませんか？

嫌な現状から脱して理想の未来を手に入れたいという心理が働くからこそ、人は様々な決断をするわけです。とすれば、**どのような交渉であれ、相手に「イエス」と言ってもらうには、嫌な現状から理想の未来にジャンプアップできるんだという感情を呼び起こさせる必要があるん**です。

以前、ご主人との離婚協議を依頼してきた方がいました。離婚をする際には、慰謝料や財産分与、お子さんがいれば親権、養育費、面会交流といった条件等、決めていくことが多くなります。

このケースでは、ご依頼者の理想の条件と、相手方（ご主人）の妥結可能な条件には大きな乖離がありました。それに、そのご依頼者様には相手方に歩み寄れなくてもやむを得ないと思える背景事情もありました。

ただ、もろもろの状況を考慮すると、どこかで譲歩しないと双方にとって得にならない、もったいないことになるとわかっていたので、こちら側も妥協をすることについてご依頼者に「イエス」をもらう必要が出てきました。

そこで僕は、協議が平行線をたどっている現状についてご依頼者の方にどう思っているか、どう感じているかを言葉にしてもらいました。とてもネガティブなものでした。

次に僕は、「では、どういう状態になりたいか」「そうなるとどんな感じがするか」ということを聴いていきました。

そのうえで、「この協議が平行線を保ったままだと、どういう状況になるのか」について数字、論理的流れ、金額といった客観的資料を示すとともに、絵を書いて視覚で認識できるように説明しました。

ご依頼者の方にとっては、とてもどんよりする受け入れがたい内容だったようです。

次に、「一定の妥結をすることによってどのような状態になるのか」ということも数字、論理、金額といった客観的資料を用いて示したうえで、絵を書いて認識してもらいました。

具体的には、婚姻を継続したまま紛争を続けることによる精神的な負担の程度、弁護士報酬の差、このまま裁判で争った場合と協議を成立させた場合にそれぞれ得られるであろう経済的な利益の差などを意識していただきました。

それがわかった瞬間、ご依頼者の方は「先生！　私、歩み寄ります！」と言ってくれたのです。

このように、数字、論理、絵や映像などで、不快な現状と快適な未来とのギャップを伝えることで、人は動くのです。

ここがポイント

嫌な現状と明るい未来を示して感情を動かす

5 お互いのメリットに加え「三方よし」の精神を意識する

自分も相手も納得する交渉結果を獲得するために意識してほしいことが2つあります。

1つ目は「ZOPA」（ゾーパ）です。ZOPAとは「Zone Of Possible Agreement」の略語で、直訳すると「双方が合意可能な条件の範囲」という意味です。ざっくり言うと、「お互いの譲歩可能な範囲の重なりあっている部分」ですね。

自分自身の希望条件を提示するとき、心の中ではある程度の幅をもうけていますよね。例えば、転職の際の希望年収をとりあげてみましょう。転職後の年収は、願わくば年収650万円だけど、ギリギリ600万円までであれば合意可能、といった感じです。

このように、多くの場合でこの交渉で満足できる限界値というか、落としどころを用意しています。

それは交渉相手にとっても同じです。相手は相手で自身の満足できる合意可能な条件範囲を用意することになるのです。先ほどの転職の例でいうと、転職先の会社は年収で出せる額は620万～580万円と考えているとします。すると620万～600万円がゾーパになります。

自分自身の限界値を知ることは簡単かもしれませんが、交渉相手の限界値を知ることは簡単ではありません。そのため交渉相手との対話の中で深くヒアリングし、相手が望んでいることや希望していることが何なのかを理解するように努めるのが大事なのです。

その際、交渉相手には前項でお伝えしたように「現状の不快」と「未来に得られる快適」のギャップを用いて、「（その落としどころは）そちらにもメリットがある」ことを伝えてみてください。

2つ目は**「三方よし」**になっているかどうかです。

三方よしとは、近江商人の経営哲学で、「商売は、売り手と買い手が満足するだけではなく、社会に貢献できていてこそ、よい商売といえる」という考え方です。

つまり、この条件が自分と相手だけでなく他の誰かにとって（もしくは世間にとって）もメリットになるんじゃないかという視点で検証し、交渉相手とも共有してもらいたいのです。

「交渉の当事者以外の利益を考えてどうするんだ」と思われるかもしれません。でも、自分たちの合意による結果が当事者以外の人の利益になっていると思うと嬉しくないですか？

少なくとも、人の利益（社会の利益）に貢献することができているという自尊心が生まれてくるかと思います。で、この「自分は社会の役に立っている」という意識に基づいた行動は巡り巡って自分の利益となって返ってくると思うのです。

これは、商談はもちろんですが、それ以外の交渉にも応用することができるんじゃないでしょうか？

例えば、紛争をまとめる示談交渉のときでも、何となくこちらから譲歩するのが癪にさわるときって往々にしてあると思うんです。交渉相手にだけ意識を向けてしまうと、「何であいつのために私が譲歩しなきゃならないんだ」みたいな心境になってしまいます。

でも、この譲歩案によって他の第三者が利益を受ける、喜ぶことになると思うと自分の心も救われますよね。第三者の利益になること＝自分の利益にもなっているんです。

以前、建設業者同士の請負代金の未払問題で訴訟にまで発展したケースがありました。代金を請求されているB社は資金難で、他者への負債も結構あったため分割での支払いしかできませんでした。そこで債権者であるA社は、B社から未払代金を分割で支払ってもらう内容で和解を成立させたのですが、途中から支払いが滞るようになりました。

普通であれば、その時点で強制執行をし、できるだけ債権を回収してB社が破産でもしたら残りは諦めるという選択をするところも多いでしょう。でも、このときA社の社長さんは、「それだとB社に建築を依頼した注文主らが困ってしまう。強制執行はせずに、御社を信じてこれまで通り毎月支払がなされるのを待っている」とB社に伝えたそうです。

そうしたところ、B社の財務状況は徐々に持ち直し、また毎月分割金を支払ってもらえるようになり、ついには決められた分割金額よりも多い金額を振り込んでもらえるようになり、結果として全額回収できたとのことでした。

もし、これが目先の利益を優先して強制執行に踏み切っていたとしたら、少しの金額しか回収できず、B社への注文主も途方に暮れていたことでしょう。

でも、注文主という第三者の利益を考えた行動を選択したことによって第三者も自分（A社）も結果として救うことができたのです。三方よしの精神は、様々な交渉の場面で意識しておいて損はない考え方です。

ここがポイント

「ゾーパ」と「三方よし」の意識を持つ

6 結論が出た後に「プチ・サプライズサービス」をする

居酒屋で出されたプチ・サービスって、とても嬉しくないですか？

もう10年以上も前、草野球で大田区の下丸子のグラウンドを試合や練習でよく使っていました。試合や練習の後にチームメイトとよく一緒に行く中華屋さんがありました。

僕たちはよく食べ、よく飲むメンバーだったので、そこの店員さんは僕らが訪れるたび、お会計後にもう1品サービスで大皿料理を出してくれていました。あれがサプライズでとても嬉しかったんです（笑）。

無償のプチ・サプライズサービスって本当に嬉しいものです。

「プチ」というところがまたミソです。

こちらの負担が大きいサービスは、相手に対して罪悪感を与えてしまいます。それだと結果として相手を喜ばせることはできません。

こちらの負担がわずかであれば、喜んで相手に提供することができますよね。この「自分も喜んでいる」という気持ちが相手にも伝わるのです。そして、その喜びの念がサプライズで届くから余計に嬉しく感じるのでしょう。

相手が笑顔になると、こちらも嬉しいですよね。「終わりよければすべてよし」という言葉もあるように、交渉の最後の雰囲気が良いと自分自身の心も穏やかになります。

僕が弁護士として独立したての頃、こんなことがありました。あるご依頼者の方から受けた事件が終了したときのことです。僕とその方との間で事前に結んでいた契約書によれば、弁護士報酬として40万円（仮の金額です）をお支払いいただくことになっていたのですが、その依頼者の方の経済状況が明らかに大変で、何とか20万円でお願いできないかと言ってこられました。

契約書上は報酬金額が40万円となるのが明らかなので、分割で全額を支払ってもらってもよかったのですが、当時の僕はその半額である20万円で妥協することにしました。僕が半額となった報酬金の請求書を渡したところ、その依頼者の方は、涙を流して「ありがとうございます」と言って事務所を後にしました。

後日、その依頼者から振り込まれたのは20万円よりも10万円多い、30万円だったのです。依頼者さんからは「本当に僕のために頑張ってくれたので、お礼として少し上乗せさせて

◌ プチ・サプライズは嬉しい

いただきます」と言われました。

そのときの僕は、報酬を上乗せしてもらえたことの嬉しさもそうですが、「自分のために頑張ってくれたことへのお礼」という言葉に嬉しさを感じました。この方がまたご相談に来られた際には親身になって相談を受けようという気持ちです。

ここで何が言いたいのかというと、**最後の最後でのサービスや妥協というのはそれだけ相手に強い印象を与え、恩義に感じてもらえる**ということです。そのために極端な例を出させてもらいました。

あまり大きい身銭を切ったり、支出をする必要はまったくありません。提示した自分の条件に大きな影響を与えない程度で、実利的なものでなくても、気遣いや心遣いに近いものを相手に提供すれば十分です。

良い交渉は良いコミュニケーションであり、それができると共同体意識が強くなります。仲間には最後に良い思いをしてもらいたいという気持ちが生まれるので、良い交渉ができると気遣いや心遣いの気持ちが生まれます。

どんな交渉でも小さいプラスアルファのサービスをしなくてはならないわけではありま

せん。状況やケースによっては、そのようなサービスをする気持ちの余裕を持てないことも当然にあると思います。

その交渉相手との関係性の中で、プチ・サプライズサービスができそうであれば、素直に相手に対して自分自身の気持ちを形にして届けてあげましょう。このような小さなサービスは交渉相手に対しての「今後もよろしくね」というメッセージとなります。サービスをしてもらった相手はあなたのことをずっと忘れません。ずっと感謝し続ける し恩義に感じるのです。人からずっと好印象を持ち続けてもらえるって、とても嬉しくないですか？

その後の良い関係性を築くためにも、素直な感謝の気持ちを表現してみましょう。

ここがポイント

良い関係を築く演出を考える

第6章

つねに「丸くおさめる」ために取り入れたい心の習慣

1 普段から瞑想などで深い呼吸を心がけよう

さて、この章では、よりよい交渉結果を引き寄せるのに役立つおすすめの習慣を紹介していきたいと思います。

まず最初に紹介したい習慣は、「瞑想」です。皆さんもすでに日常の習慣に取り入れているかもしれません。

瞑想のいいところは、何といってもゆっくり深呼吸をすることができるところです。

深呼吸は、普段から意識をしていないとなかなかすることがありません。単なる深い呼吸といっても、そこには様々なメリットがあります。

瞑想によって深呼吸を意識的に行うようになると、自律神経が交感神経優位から副交感神経優位に切り替わり、とてもリラックスした状態をつくれるようになります。

瞑想が日常の習慣になると、物事に対して冷静に対処できたり、感情的にならずに他者とコミュニケーションを取ることができるようになります。「泰然自若《たいぜんじじゃく》」という言葉がありますが、まさにそうした状態をつくることができると思います。

瞑想の習慣は交渉のときにも役立ちます。交渉はお互いの利害をすり合わせ、まとめるものですから、それなりにストレスや緊張に見舞われます。すると、その緊張感から交感神経が優位になりがちです。

でも瞑想や深呼吸が習慣化されていると、交渉というストレスのかかる場であったとしても交感神経が優位になるのを抑えることができるようになるのです。

ストレスにさらされなくなると、たとえ相手が感情を露わにした状態であったとしてもそれに対して過度に反応せず穏やかな態度を保つことができます。相手の立場を思いやりながら対話できるようになるので、冷静な話し合いに持っていくことができるようになります。

僕も５～６年前から瞑想を日常の習慣にしています。加えて、相手と交渉をするときや裁判に臨むときにも、直前に１人だけになれる空間を見つけて瞑想するようにしています。

僕の瞑想方法は大体以下のようなものです。

1 椅子に座り、坐骨を立てて背筋を伸ばす
2 顎を引く
3 胸を開く
4 両手のひらを太ももの上に仰向けに置く
5 まずは、口から20～30秒かけて息を吐き切る
6 吐き終わったら、そのまま5秒ぐらい息を止める
7 10秒くらいかけて鼻から息を吸う
8 目は半開きの状態で少し遠くを見るようにして呼吸する

僕はこれを10～20分間くらい繰り返します。

時間がない場合は2～3分でもかまいません。瞑想の際、いろいろな思考や想像が頭を巡ると思います。そのときは、頭に浮かんでくる思考や想像はそのままにし、浮かんできた思考を追いかけず、ただボーっと眺めるように放置してみるのがお勧めです。

思考が浮かんで流れては消え、浮かんで流れては消えていくのを眺められるかと思います。さしずめ「流れる雲」もしくは「ニコニコ動画で流れるテロップ」といったところでしょうか。

僕はこの瞑想によって、感情に任せた行動が減り、日常生活でも落ち着きを保つことができるようになりました。

瞑想をはじめる前と終わった後では、幸福感も増したように思います。

何度も言いますが、交渉においては感情に振り回されずに冷静さを保つことがとても大切です。感情に振り回されてしまうと冷静な判断ができなくなり、自分の条件にこだわってしまい、相手に対しても柔軟な対応ができなくなります。

交渉のときだけ冷静にいようとするのは難しいものです。普段から瞑想などの深い呼吸を習慣化して、日常的に外的ストレスに影響されにくい精神状態をつくれるようにしておくといいですよね。

それに、物事に冷静に対応できていれば、気が弱いとか口下手であるとかは、それほど気にならなくなりますよ。

ここがポイント

リラックスしていれば、良い交渉ができる

2 普段から「ゆっくり」を心がけておこう

僕は普段、急いでいるときほど「ゆっくり」行動することを心がけています。いそいでやらなければ！　というときは、あえて行動スピードを抑えるようにしています。

例えば、駅の改札を入ってホームへの階段を下りようとしたとき、電車が駅のホームに入っていると、思わず走りたくなりますよね。仕事や待ち合わせの予定時刻にギリギリになっているときなどは、とくに急ぎたくなってしまいます。

僕も以前は、そのようなときに走ったりしていましたが、いまはしなくなりました。最初は、焦ることをやめてゆっくりした生活を試してみるという実験のつもりでやってみました。

その結果、あせって走って乗り込んでも、ゆっくりホームに向かって次の電車にしたとしても、現実があまり大きく左右されないということに気づいたのです。

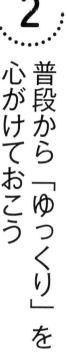

仮に打ち合わせに少し遅れたとしても、それだけであなたの評価が極端に大きく下がるわけではありません。それに、余裕を持ち、ゆっくりと行動して間に合うように行ったほうがいいに決まっています。

決まりを気にしてきちんと守る人や真面目な人ほど、遅れてしまったら気まずい、とか、相手が怒るのでは、などのまだ起きていないことを過度に不安視してしまいがちです。でも、心配は杞憂に終わることも多いのです。**あせらずに何とかなる、と思う気持ちも大切です。**

また、ゆっくりとした行動というのは、話し方についても同じことが言えます。人は何を言ったかよりも、どのように伝えられたかによって印象を受けやすくなります。たとえ怒っていたとしても、穏やかな口調でゆっくり話すことを心がけると相手も感情的になりにくくなります（147ページ）。

交渉などの非日常な場面でもゆっくり話せるように、普段からゆったりとした口調を習慣づけてみましょう。

余裕がないと感じたときこそ、とくに「ゆっくり行動する」と心に留めておくことが重要です。急ぎたい気持ちを抑えて、わざとゆっくりと行動するようにしてください。

どうしても急ぎたくなる気持ちが抑えられない場合も、ほんの少しペースを抑えるなど、衝動的にならないように意識してみます。前項で書いたように瞑想で心を落ち着かせるのもよいですね。

焦ったり急いでいる人は、心が他のことにとらわれており、相手の話を丁寧に聴くことができなくなっています。相手もそれを感じ、良好なコミュニケーションにはなかなかなりません。

僕も、普段の会話はだいぶゆっくりです。ですから、交渉の際も自然とゆっくり話すことができています。

普段から「ゆっくり」を心がけよう

相手がせっかちな方であっても、「早く話してくれ」と言われたことはありません。もし相手がイライラしたとしても、それは相手の問題であり、合意形成に支障をきたすことはありません。

さらに言うと、ゆっくり話すことは相手への尊重を示すことになり、相手にもその思いは伝わります。自分が大切にされていると認識した相手は、あなたとのコミュニケーションを大切にし、関係構築にも注力してくれるようになるのでストレスが少なくなります。

ゆっくり話すことは相手にとっても自分にとっても、精神的にプラスの効果があるのです。

ここがポイント

余裕がないときほど「ゆっくり」に

3 「大丈夫」感を育てておこう

交渉は相手のあることですから、こちらが思い描いていたストーリー通りにいかないことが頻繁に起こります。でも、そのたびにこちらが右往左往していても仕方ありません。

皆さんは、いつもと違うことが起こると不安になったりしますか？　当然、不安にはなりますよね？　例えば、

・来るはずの電車が来ない
・台風が関東を直撃しそうだ
・大好きで毎日通っていたカフェが数日休業になっている
・新型コロナウイルスに感染してしまった

などなど。世の中には新聞やニュース、SNSを媒体に悲しいニュース、悲惨なニュースがいっぱいです。そういう情報に日々触れていると、世の中はネガティブな出来事だらけだと錯覚してしまうのです。

それに引きずられて、自分の周りでいつもと違うことがあると「うまくいかないんじゃないか」とか、「大変なことにならなければいいけど」みたいな思考になり、不安で押しつぶされやすくなります。

でも、冷静になって客観的に見てください。

確かに、人生で起こる出来事は100%よいことではありませんが、ほとんどが大丈夫なはずです。「自分は運が悪い」と言っている人だって、毎日生きているし、食事をしているし、普通の生活ができているのです。

ですから、もし普段と異なることが仮に起こったとしても、その違いにとらわれないように、「大丈夫だ」と自分に言い聞かせるように心がけてみましょう。

いきなりすべてのことを「大丈夫」と受け止めるのは難しいかもしれませんが、まずは日常の中でできる範囲から試してみてください。いつもと違うイレギュラーな出来事が起きたとき、それが自分の人生でどれだけの意味を持つのか、大きな影響があるものなのかを考えてみます。おそらく、そうした出来事のほとんどは大勢に影響がなく、何となく感じている違和感でしかないことに気がつくはずです。

それを理解したうえで、その後に同じような小さな「違い」や「困難」が生じたとしても気をもむことなく、「大丈夫」だと自分自身に言い聞かせてみてください。

■大丈夫だった日記

- 上司についタメロが出てしまったけど何の問題もなく大丈夫だった
- オフィスのメールが数日使えなくなったけど大きな支障もなく大丈夫だった
- 会う約束をしたのを忘れていたけど、相手も熱を出して来られなかったから大丈夫だった
- 飛行機に間に合わなくてあせったけど、次の便に振り替えをしてくれて大丈夫だった

⋮

また、気が弱めだったり不安になりがちなのであれば、日頃から**「大丈夫だった日記」**をつけてみてはどうでしょうか？

これは、日頃ちょっと不安になるような出来事があったけど結果として大丈夫だったことを見える化して、大丈夫感を強化するワークです。

日常の小さなことが「大丈夫」と感じられるようになると、非日常的な体験である交渉においても「紆余曲折あるかもしれないけど、結果は大丈夫」とか、「多少交渉が失敗しても大丈夫」と、落ち着いた気持ちで臨むことができるようになります。

無駄にイライラすることを避け、心に余白をつくっておくためにも、日頃から「大丈夫」思考を意識しておくといいですよ。

ここがポイント

イレギュラーはほとんどが大丈夫

4 「ねばならない」「べき」思考を手放していこう

人との交渉を丸くおさめるためには、普段から「ねばならない」思考や「べき」思考を手放していくことも大事です。これは交渉時に限らず、持っていたほうがよい考え方でもあります。

そもそも「ねばならない」思考や「べき」思考とは何でしょう？

それは、自分の中で確立された「〜とはこういうものだ」とか、「〜とはこうあるべきだ」「〜でなければならない」といったルールのことです。

例えば、「人には丁寧な言葉で接しなければならない」とか、「お金は無駄遣いせずに貯金をしなければならない」「目上の先輩には敬語を使うべきだ」といったようなものが挙げられます。こうしたルールは多くの方々がそれぞれに持っています。その中でも「丁寧」とか「無駄遣い」「敬語」の評価は、人それぞれ違うのではないでしょうか。

人は皆、生まれ育った環境や遭遇した出来事などがまったく違うため、身を置いた環境、味わった経験によって、どのような言葉づかいであれば「丁寧」なのか、どんなお金の使い方が「無駄遣い」なのかは、人それぞれ基準が異なっているのです。

こうした自分の中で確立された「あるべき姿」や「ルール」を携えて相手との交渉をしていくと、当然に交渉相手の言動や提示条件に違和感を覚えたり、常識的ではないんじゃないの、と勝手に評価してしまうことが出てくると思います。

そうすると、自分の世界における正解にこだわり、交渉相手にも自分のルールを世の中のルールであるかのように押しつけあってしまい、交渉が難航してしまうのです。これが「ねばならない」思考、「べき」思考のデメリットです。

本書で何度かお伝えしているように、交渉を進めていくうえで大切なのは、感情に振り回されずに冷静さを保つことです。そのためにも**「こうあるべき」や「こうしないといけない」という思考にしばられず、自分自身や他人に対してフラットな姿勢であることが望ましい**のです。

こうした、「ねばならない」思考、「べき」思考は大きく分けて２つの過程で形成されます。

1つは幼少期の家族や周囲との関係性等の中で、自分が今後も生存し続けるために自らが編み出したものです。

親から認められたい、他者から承認されたいという思いから、そのために「こうするべき」「こうであるべき」というルールを自らに決めてしまうのです。

もう1つは学校や部活動など家庭以外の場で受けた教育によって形成されます。

僕は小、中、高校と野球部に所属していました。当時はいまより先輩後輩の上下関係が厳しく、先輩の言うことに異論を唱えることはご法度となっていました。違う意見や自分の意見を言うと生意気だと見なされていました。

こうしたルールは、社会に出て通用するわけではありません。

逆に、社会に出てからは自分なりの意見を言わないままでいると、やる気があるのか、などと違和感を覚える人のほうが多くなります。

でも、僕は社会人になってしばらくはこの思考癖が抜けず、意見を言うことができませんでした。目上の人には逆らったり反対意見を言うべきではないという思考が邪魔をしていたのです。

こうした思考になっていると、同僚が目上の人に反対意見を言ったりしているのを見ると、その同僚に対して嫉妬を感じたり、イライラした感情が芽生えたりしていました。

こうした「ねばならない」思考や「べき」思考のために人間関係や交渉がうまくいかない人は、真面目で思慮深い性格の人々に多いと思われます。

「自分はそんな思い込みや思考はない」と思っている人であっても、自分自身を客観的に見つめてみると、意外と「ねばならない」思考や「べき」思考にとらわれていたりするものです。

もし自分の中にある小さなルールやこだわりを見つけた場合は、それをいったん手放してみることを試してみてもいいかもしれません。

また、他人や本との出会いによっても、自己の認識が高まることがあるので、普段とは違う本や人と出会う機会を意識的につくり出すようにしてみるのもいいですね。

ここがポイント

自分をしばる思考を手放す

自分の中で決めた、あるいは築き上げた「ねばならない」思考、「べき」思考をゆるめると、交渉相手に対する許容性も増しますので、よりスムーズな交渉を見込むことができます。

5 いつも「ありがとう」と言う習慣をつけよう

交渉を成功させるためだけでなく、良好な人間関係を築くためにも普段から「ありがとう」と感謝をする習慣をつけておくことはとても大切です。そして、素敵な運を引き寄せるためにも。

あなたの周りにも「ありがとう」が身についている人は結構いるのではないでしょうか。中には、「感謝するようなことが起こっていないのに何でありがとうと言わなくちゃいけないの？」と思われる方もいるかもしれません。そういう方はとても真面目な方なんだと思います。あるいは、自分の人生、現実がうまくいっていないと感じている方なのかもしれません。その気持ち、とてもよくわかります。以前の僕もそうでしたから（笑）。

でも、「いまよりもっといい人生にしたい」とか、「もっと幸せになりたい」「もっといい人間関係を築きたい」とあなたが思っているのなら、「ありがとう」を習慣にしてみてください。

そもそも「ありがとう」と言われて機嫌を損ねる人ってまずいませんよね？ **交渉を含めた対人関係は、相手とのコミュニケーションを通じて関係構築をしていくものです。できれば感謝の気持ちであふれている人とつき合っていきたいと思うのが自然です。**自分を良い気分でいさせてくれる人とコミュニケーションしたいと思うはずです。

愚痴や不満の気持ちが強い人の周りには、同じように愚痴、不満であふれた人が集まりますし、幸福感や感謝で満ちあふれている人の周りには幸福感や感謝で満ちた人が集まってくるのです。そして、幸福感、感謝のマインドに移行するために一番近道なのが口癖を変えることなのです。

最初は心がこもっていなくてもまったく問題ありません。ただ、惰性で「ありがとう」でもいいのです。僕は、家と職場の行き帰りに、歩きながら「ありがとう」と何度も何度もつぶやきながら通勤していた時期がありました。

1日1000回以上は「ありがとう」と口に出して言っていたと思います。口下手な僕は、「ありがとう」と口に出すハードルが少し高かったのですが、癖になってしまえば大丈夫です。

それに加えて、夜寝る前にその日の感謝できるポイントを日記に書くこともやっていました。感謝できるポイントなんて、そんなにないと思われるかもしれませんが、これは傍から見れば小さ過ぎると思われそうなことほど、効果的です。

例えば、「電車が今日も定刻通りに来た」とか、「コンビニが24時間営業している」といった、普段当たり前に思っていることであっても、これ自体ありがたいことじゃないですか。

もっと言えば、「呼吸ができていること」もありがたいですよね。普段何にも意識せずに呼吸できていて、様々な経験をすることができている。「生きてるだけで丸儲け」と明石家さんまさんも言っています。

こうした当たり前と思える小さなことに感謝できるようになればなるほど、日々の生活、仕事で起きるちょっとしたことに対しても感謝の気持ちを持てるようになり、コミュニケーションの相手に対しても感謝の度合いが増していきます。

もし**交渉相手からネガティブな感情をぶつけられたとしても、相手の悪い部分ではなく、相手の良い部分、感謝できる部分に目が向くようになっていき、いい意味で鈍感力が養われていく**のです。自分が気弱だと思っている人ほど、試してみてください。

ここがポイント

感謝できることに目を向ける

6 普段から自分のことを満たしてあげる

皆さんは、普段から自分が望んでいることや、心地よいと思っていることを自分に与えているでしょうか。

それとも、自分に我慢を強いてしまっていますか？

ここでいう、自分に我慢を強いているというのは、どういう状態なのかわかりにくいかもしれませんね。

例えば、普段の人間関係であれば、相手から何の要望も聴いていないのに、勝手に他人ファーストを演じてしまって、自分の希望は後回しにしていたりしていませんか。

あるいは、下着や靴下などの身につける物から普段の食事まで、「本当はこういうものを身につけたい」「買いたい」「食べたい」という自分の感覚や欲求を無視して、「これでいいや」と大して吟味もせず、とりあえず買ったり食べたりしていませんか？

こうした我慢癖がついていたり、自分の感覚や欲求に鈍感なまま普段の消費行動をしていると、当然ながら自分を満たせていない、愛せていない状況が常態化していることになります。そうした人が、他者との交渉の際に、果たして自分の満足のいく結果、納得のいく結論を得ることができるでしょうか？

やはり普段から、自分のことをできる範囲で満たしていることがとても大事なのです。自分を「満たす」とは、「これがしたい」「これが食べたい」というありのままの自分が求めていることに気づき、その欲求を実現させることです。

ほんの小さなことでいいのです。普段使いする小物や、日用品などを自分の「これ！」というもので満たしていけばいいんです。このくらいだったら経済的にも負担にならないですよね。

他には、例えば朝に音楽を聴きながら淹れたてのコーヒーを飲むといった習慣でもいいです。この瞬間、たまらなく幸せを感じるといったものを自分に与えると大きな幸福感に包まれると思います。僕の場合だったら、スーパー銭湯に行ってサウナ、岩盤浴で時間を気にせず癒されることでしょうか。

なかなか自分の望むものがわからない方もいるかと思います。そのときは、自分の嫌なこと、嫌いなものをリストアップして、それを避けるところからはじめてみるのもいいと思います。

このように「満たされている」という状態に普段から敏感になり、それを味わえていると、交渉の際に以下のようなメリットが生まれます。

- 普段から自分の望みに敏感であるため、交渉時にも自分の望むポイントがわかる
- 自分の望む条件が絞られてきて、相手と衝突するポイントも減少する
- 自分の望みに忠実であるから、要望に忠実な相手に対し寛容になれる
- 普段から満足癖がついているために、交渉でも満足のいく結果を引き寄せられる

一方で、日頃から満たされていると感じていない人は不足感情が強く、交渉のときも「もっと満たされたい」という気持ちに執着してしまいます。すると自分の思い通りに交渉が進まないと、つい感情的になって、その感情を相手にぶつけてしまうことがあります。

これでは相手の態度も硬化して交渉も難航してしまいます。とてももったいないことだと思います。

また、普段から我慢するクセがついていると、交渉時にも自分の願望や要望を押し殺しているため、交渉自体は丸くおさまっても、実際には納得のいく結果を得られずに終わっ

てしまったりします。

そうした方は自分がよい思いをすることに罪悪感を覚えたり、必要以上に調和を求めて相手を優しく気遣ってしまう傾向にあるのではないかと思います。何を隠そう、僕もその傾向があったのです。

これまで、あまり自分を満たしてこなかった方や、自分を満たすことが苦手な人は、自分に「いい思いをしていいんだよ」と許可してあげてください。

自分を一番大切にできるのは自分だけです。小さなところからでいいので、自分の健康や小さな幸せを自分にたくさんプレゼントしてあげましょう。

それだけで、話の仕方も内容も変わります。そして交渉の結果が変わってくることもあるのです。

ここがポイント

自分を満たすと他人も満たすことができる

おわりに

最後まで本書を読んでいただき、ありがとうございました。この本を読んだあなたに最良の結果がもたらされますように。

交渉とは単なる勝ち負けではなく、お互いの満足度をかなえるために良好なコミュニケーションをとる共同作業です。そのために大切なのは、様々な角度から物事を見ることだと僕は思っています。

「陰陽のうち陽だけ」「善悪のうち善だけ」「メリット・デメリットのうちメリットだけ」のように、1つの面だけに光を当てても、じつはうまくいきません。これらは表裏一体ですから、両面を受け入れ、清濁《せいだく》併《あわ》せ呑《の》むことによってブレない軸ができあがると思うのです。そしてブレない軸を持ったあなたに交渉相手も惹きつけられ、結果として実りある成果を手にすることができると信じています。

ところで、本書は、交渉術に関する本ではありますが、内容としては交渉だけではなくそれ以外の人生の各局面でも物事がうまくいくようになるための知識やスキルを盛り込んでいます。

自分の「内面を整え」、人の話を「聴く」ことによって、外面である現実が変わることはよくあります。「夫婦関係がいつのまにか改善した」「とっつきにくかった上司と話ができるようになった」「問題社員がしっかり仕事をするようになった」などの現実変化が実際にあるのです。

自分のこと、周りのことを受け入れて許容できるようになると、人間としての余裕が生まれ、生活がどんどん豊かになっていくことを実感できます。ぜひ本書の内容をコミュニケーションの1つの方法として実践してみてください。

最後に、この本を出版するにあたっては、とても多くの方のお力添え、ご協力に恵まれました。執筆内容のご提案・アドバイスをいただいたネクストサービス株式会社の松尾昭仁さん、大沢治子さん、宮川直樹さん、編集をご担当いただいた日本実業出版社の安村純さんをはじめ、すべての方にこの場を借りて厚く御礼申し上げます。

そして長い期間、執筆活動を見守り支えてくれた妻、遠方の地より応援してくれていた両親に改めて感謝。ありがとうございました。

日本中が愛と調和で満ちあふれますように。

保坂康介

保坂康介（ほさか　こうすけ）
1977年秋田県生まれ。弁護士／カウンセラー。明治大学政治経済学部卒。ドラマ「HERO」をきっかけに司法試験を目指し、2007年旧司法試験に合格。勤務弁護士として５年間の実務を経験した後、2014年10月に独立する。以降、東京都新宿区で法律事務所FORWARDを運営。延べ1500件以上の訴訟、調停、交渉代理の経験をする中で「理屈で攻めるより相手の心理も踏まえた交渉のほうが依頼者を幸福度の高い解決に導ける」ことを実感。2019年から心理学を学び、カウンセラー資格を取得。聴き方、伝え方、各種心理ワークを弁護士業務に活かすことで、ほぼすべての依頼者にとって満足度の高い交渉結果を生み出すに至っている。

心理《しんり》カウンセラー弁護士《べんごし》が教《おし》える
気弱《きよわ》さん・口下手《くちべた》さんの交渉術《こうしょうじゅつ》

2024年２月１日　初版発行

著　者　保坂康介 ©K.Hosaka 2024
発行者　杉本淳一

発行所　株式会社日本実業出版社　東京都新宿区市谷本村町３−29 〒162-0845
編集部　☎03-3268-5651
営業部　☎03-3268-5161　振　替　00170-1-25349
https://www.njg.co.jp/

印　刷／堀内印刷　　製　本／若林製本

ISBN 978-4-534-06059-4　Printed in JAPAN